디모데전후서 디도서
어떻게 설교할 것인가

두란노 HOW주석 시리즈 46
디모데전후서·디도서 어떻게 설교할 것인가

엮은이 | 목회와신학 편집부

펴낸곳 | 두란노아카데미
등록번호 | 제302-2007-00008호
주소 | 서울시 용산구 서빙고로 65길 38 두란노빌딩

편집부 | 02-2078-3484   academy@duranno.com   http://www.duranno.com
영업부 | 02-2078-3333   FAX 080-749-3705
초판1쇄발행 | 2008. 1. 21.   10쇄 발행 | 2019. 9. 16

ISBN 978-89-6491-096-2   04230
ISBN 978-89-6491-045-0   04230(세트)

책값은 뒤표지에 있습니다.

두란노아카데미는 두란노의 '목회 전문' 브랜드입니다.

디모데전후서 디도서
어떻게 설교할 것인가

· 목회와신학 편집부 엮음 ·

두란노 HOW 주석

HOW COMMENTARY SERIES 46

두란노아카데미

발간사

설교는 목회의 생명줄입니다

설교는 목회의 생명줄입니다. 교회 공동체를 향한 하나님의 음성입니다. 그래서 목회자는 설교에 목숨을 겁니다. 하나님의 말씀을 가감 없이 전하기 위해 최선을 다합니다.

이번에 출간한 「두란노 HOW주석 시리즈」는 한국 교회의 강단을 섬기는 마음으로 설교자를 위해 준비했습니다. 「목회와신학」의 별책부록 「그말씀」에 연재해온 것을 많은 목회자들의 요청으로 출간한 것입니다. 특별히 2007년부터는 표지를 새롭게 하고 내용을 더 알차게 보완하는 등 시리즈의 질적 향상을 추구하였습니다. 독자 여러분의 끊임없는 관심과 격려를 부탁드립니다.

「두란노 HOW주석 시리즈」는 성경 본문에 대한 주해를 기본 바탕으로 하면서도, 설교에 결정적으로 중요한 '적용'이라는 포인트를 놓치지 않았습니다. 또한 성경의 권위를 철저히 신뢰하는 복음주의적 관점을 견지하고자 노력했습니다. 또한 성경 각 권이 해당 분야를 전공한 탁월한 국내 신학자들에 의해 집필되었습니다.

학문적 차원의 주석서와는 차별되며, 현학적인 토론을 비껴가면서도 고밀도의 본문 연구와 해석이 전제된 실제적인 적용을 중요시하였습니다.

이 점에서는 목회자뿐만 아니라 성경공부를 인도하는 평신도 지도자들에게도 매우 귀중한 지침서가 될 것입니다.

오늘날 교회에게 주어진 사명은 땅 끝까지 이르러 예수 그리스도의 복음을 전파하는 것입니다. 사도행전적 바로 그 교회를 통해 새롭게 사도행전 29장을 써나가는 것입니다. 이 시리즈를 통해 설교자의 영성이 살아나고, 한국 교회의 강단에 선포되는 말씀 위에 성령의 기름부으심이 넘치기를 바랍니다. 이 땅에 말씀의 부흥과 치유의 역사가 일어나고, 설교의 능력이 회복되어 교회의 권세와 영광이 드러나기를 기도합니다.

바쁜 가운데서도 성의를 다하여 집필에 동참해 주시고, 이번 시리즈 출간에 동의해 주신 모든 집필자들에게 이 자리를 빌어 감사의 뜻을 전합니다.

두란노서원 원장

디모데전후서
어떻게 설교할 것인가

발간사

I. 디모데전후서 배경연구

1. 디모데전후서 개관 | 최순봉   13
2. 바울의 회고 | 최순봉   21
3. 디모데전후서의 수신인 디모데 | 조광호   31
4. 그레꼬-로마적 관점에서 본 목회서신의 결혼 문제 | 윤철원   45

II. 디모데전후서 본문연구

1. 딤전 1~2장 : 믿음으로 선한 싸움을 싸워 구원을 얻으라 | 김도일   67
2. 딤전 3~4장 : 교회 지도자의 자질과 훈련 | 조기연   75
3. 딤전 5~6장 : 너, 하나님의 사람아! | 김금용   89
4. 딤후 1:1~3:9 : 일꾼의 삶의 방식 | 김덕수   101
5. 딤후 3:10~4:22 : 의의 면류관을 향한 선한 믿음의 경주자 바울 | 류호성   119
6. 디모데전후서 참고 문헌 | 편집부   131

주   193

원어 일람표   205

I. 배경연구

1. 디모데전후서의 개관 | 최순봉
2. 바울의 회고 | 최순봉
3. 디모데전후서의 수신인 디모데 | 조광호
4. 그레꼬-로마적 관점에서 본 목회서신의 결혼 문제 | 윤철원

01
디모데전후서 개관

18세기 중엽부터 디모데전후서는 디도서와 더불어 목회(또는 목자)서신으로 분류되었다.[1] 두 서신의 수신자로 언급된 디모데는 사도 바울과 매우 밀접한 관계를 갖고 있었으며 그는 바울의 선교사역에 충실한 동역자였다. 디모데가 사역하던 에베소에 보낸 두 서신(딤전 1:3; 딤후 1:15 이하)에는 디모데를 향한 바울의 마음과 디모데의 목회를 바라보며 조언하는 바울의 사랑이 깊이 배어 있다.

사도 바울이 마케도니아로 가는 동안에 디모데는 에베소에 남아 있었던 것으로 보인다(딤전 1:3). 그리고 디모데후서는 바울이 당시 로마의 감옥에 있었던 것으로 기록되어 있다. 디도서와 마찬가지로 디모데에게 보내는 이 편지들은 개인적 서신 형태를 띤다. 그러나 이는 당시 디모데가 사역하던 공동체에게 주는 정당한 지침서로서 회람을 전제하는 인상을 강하게 풍긴다. 따라서 두 서신은 사도 바울과 그 후임자의 관계가 지속적인 것임을 보여 준다.

수신자 디모데

두 서신의 수신자인 디모데에 대한 기록은 사도행전과 바울서신들에서 자주 발견된다. 디모데는 바울이 소아시아의 루스드라 지역에서 전도하면서 얻은 회심자다. 사도행전 16:1 이하는 디모데가 할례받게 된 이유를 기술하면서 그의 가족 관계를 설명한다. 디모데는 이름이 밝혀지지 않은 헬라인 아버지와 유대인 어머니 사이에서 태어났다. 이 기록은 디모데의 어머니가 유대교에서 기독교로 개종한 사실을 묘사하는 것이다. 디모데가 이방인을 아버지로 두었음에도 디도와 다르게(갈 2:3) 할례를 받은 것은 모계가 유대인이었기 때문으로 간주된다(비교 고전 9:20).²

디모데는 성장하면서 성경에 익숙한 환경을 제공받았다(딤후 1:5; 3:15). 누가의 기록에 보면 디모데는 바울이 첫 선교여행에서 루스드라를 방문했을 때 그리스도인이 되었다(행 14:16 이하). 그리고 두 번째 그곳을 방문했을 때(AD 50년경) 바울의 동역자로서의 삶을 시작했다. 그 후 디모데는 교회의 장로회에서 안수를 받았고(딤전 4:14; 딤후 1:6), 바울이 떠난 후 에베소에서 목회하며 왜곡된 진리를 선포하던 거짓 교사들과 싸웠다. 디모데에 대한 또 다른 기록은 히브리서 13:23에 등장하는데, 대부분이 바울의 선교사역을 지원했음을 알 수 있다.³

사도 바울과 디모데

바울은 디모데에게 아주 특별한 감정을 자주 표현한다. 무엇보다 디모데를 자신의 형제라고 부른다(살전 3:2; 골1:1). 바울이 누구를 향해 형제라고 단수로 지칭하는 것은 드문 편인데, 사용하더라도 일반적으로 복수 형태를 띤다(고전 1:1). 예를 들면 소스데네를 형제로 말한 경우가 그렇다. 하지만 디모데에게는 다른 어떤 경우보다 형제라는 말을 자주 사용하며 또 그 의미도 각별하다.

1. 디모데는 바울에게 새로운 가족이다

바울서신에서 몇 군데 디모데를 지칭하는 특별한 구절들이 있다. 그 본문들은 바울이 디모데를 어떤 관계로 생각했는지를 잘 보여 준다. 바울이 "신실한 아들"로 언급한 디모데는 바울의 부탁으로 고린도에 파견되어 고린도 사람들에게 바울의 사역을 기억나게 하는 역할을 감당한다(고전 4:16~17). 바울은 디모데를 매우 따뜻하게 소개한다. 빌립보 성도들에게 보내는 편지에서는 "자식이 아버지에게 하듯이 복음을 위하여 나를 섬겼다"고 칭찬한다(빌 2:22). 바울의 특별한 관심은 디모데에게 보내는 편지에서 '참 아들'(딤전 1:2), '아들 디모데'(딤전 1:18), '사랑하는 아들'(딤후 1:2)이라며 각별한 관계로 표현한 것에서 잘 알 수 있다. 바울에게 이 새로운 가족 관계는 "하나님의 말씀을 듣고 실천하는 사람을 가족"이라고 하신 예수님의 명령을 실천한 것이다(눅 8:19~21).

2. 디모데는 바울의 선교 동역자였다

기독교 선교의 시작에 동참한 디모데는 바울과 더불어 기독교 1세대 선교사였다. 그는 선교사역에 동참하면서 바울의 가장 가까운 동역자로서 삶을 살았다. 바울을 도와 마케도니아와 베뢰아 지역의 선교에 동참했고(행 17:14 이하; 18:5 이하), 에베소에서 복음사역을 하던 바울과 그곳에서 오랜 시간을 보내기도 한다(행 19:22 이하). 뿐만 아니라 고린도 지역의 복음전파사역이나(고후 1:19) 그 외 소아시아 지역의 선교도 함께하고(행 20:1 이하), 바울이 옥에서 나와 다시 선교여행을 떠날 때도 함께한다(행 28장 이후). AD 50년쯤 바울이 루스드라 지역을 지날 때 바울의 동역자가 된 디모데는 그 후 자신의 남은 삶을 바울의 신실한 선교 동역자로 보낸다.

3. 디모데는 바울의 삶의 동반자였다

데살로니가 교회에 보냄을 받은 디모데는 그곳 성도들의 신앙을 견고케 하는 역할을 잘 수행(살전 1:1)한 후 다시 고린도에서 사역하는 바울과 합세한다(살전 3:6; 비교 행 18:5). 그로 인해 디모데의 이름이 데살로니가전서에서 언급된다. 바울과 함께 사역하는 동안 디모데는 사도 바울이 모금한 헌금을 예루살렘 교회에 전달하는 특별 임무에 동참하기도 한다(행 20:4). 이는 종말에 모든 족속들이 자신의 보화를 들고 예루살렘으로 온다는 종말론적 의미를 갖는다.

데살로니가전서, 빌립보서, 빌레몬서, 고린도전서는 디모데가 사도 바울과 함께 있었다는 암시를 준다. 특히 골로새서 1:1과 빌레몬서 1:1은 바울이 감옥에 있는 동안 함께한 사람이 디모데임을 암시한다. 이런 기록은 디모데가 선교에 동참한 다른 선교사들과 명확히 구분되며, 바울과 각별한 관계라고 말하기에 충분하다. 바울은 마음을 같이 하여 진심으로 위로를 주는 유일한 사람으로서 디모데를 기억한다(빌 2:19~20).

아마 디모데는 루스드라에서 바울이 당한 고난의 증인이었을 것이다(딤후 3:10~11). 그리고 바울이 디모데를 부르는 것은 두 사람의 관계가 바울의 삶이 끝나는 그날까지도 유지되었음을 보여 준다(딤후 4:9, 21). 따라서 어려움을 겪은 바울의 증인으로서 디모데는 바울의 충실한 동역자로 지냈고, 그의 뒤를 이어 지속적으로 기독교 전파를 위한 삶을 살았음을 짐작할 수 있다(참고. 히 13:23).

디모데의 목회

디모데는 바울이 떠난 후에도 에베소에 남아 목회를 계속 한다. 디모데가 그곳에서 사역하고 있을 때 그의 연령은 그리 많지 않은 것 같다(딤전 4:12). 여기서 디모데는 바울에게서 목회와 관련해 중요한 사항을 당부 받는다. 바울은 성경 읽는 일과 권면하는 일 그리고 가르치는 일에 전념하라고 당부하며(딤전 4:5~16), 특히 교회 지도자를 뽑는 일에 신중을 기하도록 지시하는데, 그 일은 교회 공동체의 정체성에 많은 영향을 미치기 때문이다. 서신에는 장로들과 감독들을 언급하고, 교회의 직제들을 안수를 통해 임명하라고 권면한다. 이는 디모데의 목회가 어느 정도 교회 공동체의 모습을 갖췄음을 보여 준다.

그리고 교회는 그들에게 사례를 주었고(딤전 5:17 이하), 특히 말씀 전하는 직분을 가진 자들의 역할을 강조한다. 왜냐하면 그곳에 침투한 거짓 교사들과 싸울 때 그들의 역할이 매우 중요하기 때문이다(딤전 3:2; 딤후 2:2). 거짓 교사들과의 투쟁은 두 서신(디도서까지 포함)에서 강조된다. 바울은 거짓 교사들이 율법의 잘못된 해석을 통해 다른 교리를 내놓고 헛된 생각을 조장하는 자들이니 특별히 경계하라고 디모데에게 사랑으로 권면한다. 이는 사도 바울이 현대 목회에 주는 중요한 지침이기도 하다.

디모데전서

본서는 에베소를 떠난 지 얼마 되지 않아 마케도니아에 있던 바울이 에베소에 남아 목회하던 디모데에게 보낸 편지다. 이 편지는 크게 세 가지 중요한 내용을 담고 있다. 우선 진리에 대한 가르침이고, 다음으로 교회 공동체가 지켜야 할 기본적인 질서와 신앙이며 그리고 교회 안에서 임명한 직분의 선결사항과 역할에 대한 지침으로 교회 지도자들의 자격과 남녀 집사의 직무에 대해 언급한다.

첫째, 진리에 대한 가르침은 거짓 교사들의 특징과 함께 언급한다. 바울은 자신이 과거에 교회를 핍박하던 기억을 회상하면서(딤전 1:15), 자신과 같은 죄인이 하나님의 은혜와 사랑을 통해 변화되었고, 박해자는 하나님께 불쌍히 여김을 받아 복음을 깨달았으며, 이제 복음의 일꾼이 되었음을 강조한다(딤전 1:11).

이제 사도로 부르심을 받은 바울은 거짓 교사들이 율법의 진정한 의미도 모르면서 율법 교사가 되기를 원하는 것이라고 기술하면서(딤전 1:3~10), 잘못된 가르침을 전파하는 거짓 교사들을 향해 대항할 것을 명령한다(딤전 1:3~20). 그러면서 그들의 왜곡된 가르침은 결국 하나님의 경영을 방해하는 것이기 때문에 전수된 기독교 진리를 잘 수호하라고 당부한다(딤전 1:18~20).

거짓 교사들은 금욕을 위해 결혼을 금하고, 음식에도 불필요한 금기 사항을 설파하며(딤전 4:3), 족보에 대해 왜곡된 주장을 한다(딤전 4:7). 그들은 자신들의 교훈이나 가르침으로 돈을 벌려는 사람이라는 것이다(딤전 6:5). 또한 거짓 지식으로 자기 지식의 우월함을 주장할 뿐 아니라 경건을 소득의 수단으로 생각하는 사람들이다. 그들은 진리를 잃어버리고, 돈을 사랑함으로써 파멸에 이른다(딤전 6:5~10). 추측하기로, 그들은 유대교와 관련된 자들이거나 유대교인에서 기독교인으로 개종했으나 유대교의 내용을 계속 유지하고 싶었던 사람들일 것이다. 바울은 그들이 모두 진리를 왜곡하므로 그들에게 대항하고, 영원한 생명을 취하는 사역에만 열중하라고 디모데에게 명령한다(딤전 6:11~21).

둘째, 바울은 교회 공동체의 주요 지침을 디모데에게 가르친다. 그 지침은 바로 기도와 예배에 관한 것이다. 특히 강조하는 기도는 중보를 위한 것인데, 모든 사람들을 위해 기도하되 특별히 지도층에 있는 사람들을 위해 기도할 것을 가르친다(딤전 2:1~7). 이는 성도들로 하여금 고요하고 평안한 생활을 유지하는 방법으로 제시한다. 여기서 믿음은 일회적으로 받아들이는 것이 아니라, 믿음의 상태를 계속 유지한다는 개념이다. 중보 기도는 남녀 모두가 지속적으로 해야 하는 것이다.

그리고 남자는 경건함과 거룩함으로, 여자는 정숙함과 겸손함으로 신앙생활을 할 것을 강조한다(딤전 2:8~15). 이는 예배를 드릴 때 참여하는 사람의 자세를 말하는데, 특히 바울은 예배를 위한 제반 사항들을 온전히 수행할 것을 지시한다(딤전 4:14 이하).

셋째, 교회의 직분에 대한 자격을 가르친다. 디모데전서에서 중요한 내용으로 교회 안의 질서와 체계에 대한 지침을 준다. 감독의 자격을 언급하는 이 부분은 목회 지침에 대해 매우 자세하게 말한다(딤전 3:1~7). 다른 서신에서 강조하지 않은 직분에 대한 언급은 오늘날 목회 현장의 지침이기도 하다. 그리고 남녀 집사의 직무에 대해 교훈하는데(딤전 3:8~13) 직분에 대한 세밀한 언급과 강조(딤전 5:1~6:2)는 교회와 복음의 진리를 수호하기 위함이다.

디모데후서

이 서신은 앞의 서신에 비해 독립적으로 보낸 인상이 짙다. 문안 인사와 디모데를 위한 기도로 시작하는데, 바울은 여기서 자신의 죽음이 그리 멀지 않았음을 시사한다(딤후 4:5~8). 따라서 이것은 바울이 두 번째 로마 감옥에 갇혀서 기록한 것으로 보인다. 추측하기로, 당시는 바울의 순교와 연결되는 시점일 것이다. 그곳에서 바울은 종말에 대한 경고와 거짓 교리를 전파하는 사람들을 경계하라고 지시한다. 먼저 디모데에게 진리의 가르침과 교훈을 스스로 잘 지켜 복음선포에 담대할 것을 명령한다(딤후 1:6~18).

2장에서 바울은 디모데에게 예수 그리스도로 인한 기독교의 전통을 기억하고 사수할 것을 당부한다. 매우 논리정연하게 구원론적 기독론을 언급하면서 불필요한 논쟁을 피할 것, 온전한 경건에 이를 것, 성도들로 하여금 진리의 지식에 이르도록 노력할 것 등을 권고한다. 디모데에게 보낸 편지에서 특이한 점은 믿음의 성격이 단순히 일회적인 것이 아니라 지속적인 것임을 강조한다는 사실이다.

3장은 종말의 현상을 지적하면서 시작한다. 거짓 교사들은 기독교 진리를 왜곡하고 자신과 돈을 사랑하며, 부모에게 예를 벗어나 행동하고, 하나님보다 쾌락을 더 사랑하며, 경건의 능력을 부인한다(딤후 3:1~5)고 지적한다. 그들은 연약한 여인들을 미혹하는 바람에 죄를 쌓게 하고, 열심을 갖지만 진리에 이르지 못하게 한다(딤후 3:6~9)고 말해 준다. 따라서 바울은 디모데에게 전수받은 성경의 진리를 믿고 사수할 뿐만 아니라 다른 사람들에게 가르치는 일이 절박하다고 강조한다(딤후 3:10~17).

끝으로 바울은 하나님의 말씀에 입각한 온전한 진리의 내용을 선포하라고 거듭 권고한다(딤후 4:1~4). 바울은 이 편지를 쓸 때 순교자로서 자신의 삶을 예감한 듯하다(딤후 4:6~8). 특히 자신이 지금 처한 상황이 그리 평안하지 않음을 기술한다. 함께 사역하던 대부분의 사람들이 떠난 것과, 디모데를 부르면서 누가만이 자신과 함께 있다는 상황을 보아 말년을 바라보는 바울의 쓸쓸함을 엿볼 수 있다(딤후 4:9~13). 그리고 바울은 디모데에게 다시 한 번 자신을 대적한 사람들의 악행과 복음의 능력을 기술하고(딤후 4:14~18), 안부의 말과 축복의 인사로 편지를 끝맺는다.

02

바울의 회고

"관제와 같이 벌써 내가 부음이 되고[1] 나의 떠날[2] 기약이 가까왔도다 내가 선한 싸움을 싸우고 나의 달려갈 길을 마치고 믿음을 지켰으니 이제 후로는 나를 위하여 의의 면류관이 예비되었으므로 주 곧 의로우신 재판장이 그날에 내게 주실 것이니 내게만 아니라 주의 나타나심을 사모하는 모든 자에게니라"(딤후 4:6~8).

사도 바울과 디모데 그리고 죽음

사도 바울은 스스로 사역을 마감하는 시점에서 자신이 행한 많은 사역을 돌아보며 디모데에게 여러 가지를 당부한다. 이 과정에서 우리는 바울의 마음을 엿볼 수 있다. 이 시대를 살아가는 하나님의 사역자들에게 바울은 낙담되는 상황에서도 하늘의 소망을 품은 모습으로 위로와 소망을 전한다.

바울은 디모데에게 주는 이 편지가 회람되었을 것을 생각한다면 에베소 교회 성도에게 주는-교훈을 마치고 편지를 정리하는 시점에서 위 본문의 내용을 기록한다. 디모데후서를 쓰는 사도 바울이 이미 70이 된 고령의 몸이었다면, 아마 이 글을 쓰고 삶을 순교로 마감했을 것이다. 실제 바울은 이 서신에서 암암리에 또는 매우 분명하게 자신의 마지막 가는 모습을 표현한다.

디모데에게 보내는 두 번째 서신에 나타난 바울의 심경은 이 땅의 관점에서 마치 소외된 사람의 심경을 적는 것같이 보인다. 그러나 이러한 바울의 심경 이면에는 자신의 삶을 뒤돌아보면서, 이제 자신이 떠나고 난 후에 자신의 후임으로 복음의 사역을 이어갈 남아 있는 친근한 후임자에게 주는 소망의 빛줄기가 있다. 그리고 이 언급된 말씀들은 오늘을 살아가는 우리가 그리스도인의 삶을 되돌아보게 한다.

바울과 디모데

바울과 디모데의 관계는 이미 알려진 것처럼 매우 긴밀하다. 그의 서신에서도 종종 그런 표현들을 볼 수 있다. 디모데를 형제라고 부르기도 하는데(살전 3:2; 골 1:1) 이것은 바울이 일반적으로 복수형태(고전 1:1)를 사용하여 언급하는 다른 사람들과 구별한 듯한 느낌을 준다.

무엇보다 디모데는 바울의 사역을 도와 대신 고린도 교회를 방문할 때 바울을 생각나게 했던 그의 "신실한 아들"이었다(고전 4:16~17). 빌립보 교회에 보내는 편지에서는 디모데의 인품을 "자식이 아버지에게 하듯이 복음을 위하여 나를 섬겼다"고 소개한다(빌 2:22). 목회서신에서는 보다 더 적극적인 표현을 사용하여 "참 아들"(딤전 1:2), "아들 디모데"(딤전 1:18) 그리고 "사랑하는 아들"(딤후 1:2)이란 표현으로 새로운 가족관계를 떠오르게 한다. 이러한 바울의 표현은 복음서에 언급된 예수님의 말씀을 기억나게 한다. 즉 "하나님의 말씀을 듣고 실천하는 사람을 가족"(눅 8:19~21)이라고 명하신 예수님의 새로운 가족관계의 실천처럼 보인다.[3]

1세기 기독교 선교의 시작이라 할 수 있는 바울의 선교사역은 디모데의 동참으로 보다 구체적인 사역의 실천을 가져왔다. 디모데는 바울을 도와서 마케도니아와 베뢰아 지역을 함께 복음화하는 데 힘썼다(행 17:14ff; 18:5ff). 사도행전 19장은 디모데가 에베소에서 바울과 함께 긴 시간을 사역한 것으로 보고한다. 고린도후서 1:19에 따르면, 고린도 지역 선교에도 동참했고 그 밖에도 소아시아 지역(행 20:1ff)에서 바울의 선교에 동참했을 뿐 아니라 바울이 옥고를 치르고 난 후 다시 선교를 떠날 때도 동참했다(행 28).

디모데는 약 50년경 루스드라 지역에서 사도 바울을 만난 후 바울의 신실한 동역자로 지낸다. 아니, 그는 동역자 그 이상이었다. 이미 앞에서 언급했던 고린도에서의 사역 이외에도 데살로니가 교회에 파송되어 그들의 신앙을 지도했고(살전 1:1) 그 일을 마친 후에는 바울의 사역에 다시 합류했으며(살전 3:6; 참고. 행 18:5), 모금한 헌금을 예루살렘에 전달하는 자리에도 함께했다(행 20:4).

그리고 바울의 서신인 데살로니가전서, 빌립보서, 고린도전서 등에 디모데의 이름이 언급되는 것을 보면 그가 이 서신들이 쓰인 시점에 바울과 함께했음을 알려 준다. 특히 골로새서와 빌립보서 그리고 빌레몬서 서두에 디모데가 언급됨은 바울이 감옥에 있는 동안에도 함께한 인물이었다는 인상이 짙다.

실제로 디모데가 바울을 통하여 그리스도인이 된 배경에는 바울의 고난이 자리하고 있다. 디모데는 바울이 루스드라에서 당한 고난의 증인이었다(딤후 3:10~11). 이러한 관계의 시작은 바울이 겪은 많은 상황 가운데서도 그의 가장 가까운 곳에서 후원하는 동역자가 디모데였음을 보여 준다. 고난 가운데 바울은 자신을 진심으로 위로해 주는 유일한 사람으로 디모데를 기억했을 것이다(빌 2:19~20).

그리고 디모데후서 끝에 언급된 사도 바울의 요청-어쩌면 바울이 생을 마감하는 시점에 하는 마지막 만남의 요청-은 그의 삶이 끝나는 시점까지 유지된 특별한 디모데의 위치를 보여 준다(딤후 4:9, 21). 디모데에 대한 다른 기록을 보면 그가 바울의 선교사역에 동참하면서 많은 고난과 어려움을 함께하며 충실한 동역자로 지낸 후 지속적으로 바울의 사역을 이어갔음을 알 수 있다(히 13:23).

디모데와 에베소 교회

디모데의 사역은 바울에게 목회의 지도라는 새로운 과제를 주었다. 같이 선교를 다니다 에베소에 남게 된 디모데를 향하여 바울은 여러 지침들을 제시한다. 물론 바울의 편지는 많은 부분 자신이 개척한 교회에 지침을 주는 내용으로 구성되어 있다. 이미 모두에 언급한 것과 같이 이 편지가 비록 디모데 개인에게 보내는 편지같이 보이지만 디모데를 통하여 편지 내용을 회람한 것이라면, 바울은 자신의 권위로 에베소 교인들을 훈계하고 디모데와 자신의 특별한 관계를 표시했을 것이다. 이 편지에서 바울은 디모데의 목회를 격려하는 것과 더불어 책망하는 어투를 사용한다. 디모데의 실수는 바울로 하여금 교회의 문제가 또 하나의 국면에 들어가는 것을 알게 했을 것이다. 교회의 많은 일들이 사람과의 관계에서 일어난다. 각기 주장하는 다양한 성경해석뿐만 아니라 인간적인 이권이 관계된 주장들 그리고 자신을 스스로 관리하지 못해서 발생하는 목회현장에서의 일 등등. 사랑에 찬 권고와 교훈은 바울 스스로가 인생을 통하여 경험한 목회 내지 선교사역의 축적된 방법을 디모데와 그의 에베소 사역에 선물로 주는 듯한 인상이 짙다. 이러한 교훈 이면에는 사도 바울이 인생의 마지막에서 자신의 선교를 돌아보는 다양한 심경들이 들어 있다. 아마 지금 감옥에 있는 로마 지역과 두 번의 로마 공동체 방문을 함께 생각한다면 사도 바울의 심경을 보다 잘 이해할 수 있을 것이다. 두 번의 로마 방문은 바울의 표현처럼 어쩌면 자신이 세운 중요한 목표점이었다. 그리고 스스로도 예상하지 못했겠지만, 그곳은 결국 자신의 삶을 종결하는 도시가 되었다.

사도 바울과 두 번의 로마 방문

바울의 로마 방문은 두 번 모두 그에게 낙담의 경험이었다. 바울이 브리스길라와 아굴라를 만나고 로마에 보내는 편지를 작성할 때가 AD 56년경 봄으로 보인다. 바울은 가난한 자들을 위한 헌금을 모아 예루살렘에 전달하고 로마로 가는 계획을 가지고 있었던 것으로 보인다. 만일 그 계획이 정확하게 이루어졌다면, 즉 고린도에서 헌금을 가지고 예루살렘에 도착해 전달하고 출발했다면 바울은 같은 해 늦여름이나 초가을 충분히 로마에 도착했을 것이다.

이 계획을 실현하기 위하여 바울은 로마에 보내는 편지를 매우 주도면밀하게 썼다. 로마서에 기록된 내용에 따르면 로마 교회는 일부의 유대인과 상당수의 이방인 개종자들로 구성된 것으로 보인다(롬 1:13; 11:13; 2:17, 39). 그들에게 바울은 정연한 논리로 숙고된 신학적 내용을 간결한 필체로 써내려갔다. 이 구성원을 의식했다는 느낌은 그가 이방인과 유대인이 예수님 안에서 평등함을 강조하는 구절에서 충분히 알 수 있다(롬 3:21~24).

로마서에 쓰인 바울의 선교의지와 포부 또한 당시의 정황으로 미루어 볼 때 매우 주목할 만하다.

"이 일로 인하여 내가 예루살렘으로부터 두루 행하여 일루리곤까지 그리스도의 복음을 편만하게 전하였노라 … 이제는 이 지방에 일할 곳이 없고 또 여러 해 전부터 언제든지 서바나로 갈 때에 … 중략 … 너희의 그리로 보내 줌을 바람이라"(롬 15:19, 23~24).

본문에서 바울은 자신이 로마로 가려는 이유의 정당성을 천명한다. 하나는 로마를 넘어 스페인으로 가려는 의지고, 다른 하나는 로마 교회가 이를 위해 역할을 감당해 달라는 부탁이다.

바울이 이 글을 쓸 때는 매우 확신에 차 있었을 것이다. 하지만 바울의 이러한 계획은 그가 이미 로마서 15:31~32에서 언급한 염려가 사실이 되면서 차질이 생긴다. 특히 "유대의 순종하지 않는 자들에게서 구원을 받게 하고"란 언급(롬 15:31)은 이미 바울이 무언가에 불안해했음을 보여 준다. "유대의 순종하지 않는 자들"은 매우 특이한 표현이다. 아마 그리스도를 받아들이지 않는

유대인들을 가리키는 것으로 보인다.[4]

바울은 예루살렘에서 헌금만 전달하는 것으로 끝나지 않고 예루살렘의 유력한 자들에게서 자신을 둘러싼 소문이 사실이 아님을 증명하기 위하여 결례를 행한다. 고린도 교회에 보낸 편지에서 그가 예루살렘에서 행한 결례의 의도를 알 수 있다.

"유대인들에게는 내가 유대인과 같이 된 것은 유대인들을 얻고자 함이요 율법 아래 있는 자들에게는 내가 율법 아래 있지 아니하나 율법 아래 있는 자같이 된 것은 율법 아래 있는 자들을 얻고자 함이요"(고전 9:20).

그러나 계획에 차질이 생겨 바울은 56년 여름에 수감된다(행 22:25). 가이사랴에서의 수감생활은 벨릭스가 소환되었을 때 마무리 지어지지 않고 다음 총독인 베스도(Ponticius Festus)까지 이어진 것으로 보아 2년이 경과된 것이다. 즉 58년 여름이다. 이 기간 동안 독방에 수감된 바울은 모금의 행방을 염려하며 예루살렘의 성도들이 자신의 일이 있은 후에 어떤 어려움을 겪을까 고민하는 등 다른 어떤 때보다 염려하며 불안을 느꼈을 것이다.

바울의 생명이 걸려 있는 총독의 결정은 여전히 진행되지 않았고 적어도 1년을 더 끌었다. 바울을 해하려는 유대인들과 베스도 사이에서 긴장이 오갔을 것이며, 유대인들을 무시하기 어려운 베스도는 그들을 가이사랴로 불러 재판권을 양도하려고 했다. 이에 바울은 자신이 로마에서 가이사 앞에 서겠다는 의지를 표명했고(행 25:10) 비록 서로의 이해 문제가 있기는 했지만 받아들여진다. 이때가 59년 여름의 끝자락이었을 것이다.

바울의 1차 로마 방문은 그렇게 그의 선교의 마지막 목적지로 보였을 것이다. 고되고 힘든 기나긴 여행을 마치고 로마에 도착했을 때는 60년 늦은 봄이나 초여름이었을 것으로 추정된다. 사도행전 28:30에 따르면 바울은 그 후 2년간 또다시 자유로운 감옥생활을 했다고 한다. 분명한 것은 바울은 2년 뒤인 62년에 자유의 몸이 된다. 그러나 그 시간은 바울에게 정말 힘든 경험의 시작이었다.

바울은 이미 편지를 받은 로마 교회가 그를 기다리고 있을 것이라 생각했다. 로마서에서 언급한 목적에 충실하게 바울은 선교의 교두보를 확보하러 로마 교회를 방문했을 것이다. 로마서에는 그의 의도가 매우 잘 드러난다. 바울은 자신의 뜻을 로마 교회 성도가 잘 숙지하고 자신의 선교의지를 받아들여 도와줄 것을 예상했을 것이다. 그의 선교의지도 변함이 없어 스페인으로 선교여행을 가려는 생각으로 가득 차 있었을 것이다.

하지만 바울은 로마 교회에서 환영받지 못한 것 같다. 그의 생각과는 전혀 다르게 첫 번째 로마 방문은 바울에게 매우 힘들고 어려운 경험이었을 것이다. 로마 교회는 사도 바울의 방문에 그렇게 반응을 잘 한 것 같지 않다. 바울을 기억하는 사람이 얼마나 있었는지도 모른다. 로마서가 56년 여름에 도착했다면, 바울이 자유의 몸이 되어 그들을 방문했을 때는 62년이었다. 바울이 로마서를 보내고 방문하기까지의 이 긴 시간은 바울을 잊기에 충분한 시간이었다.

당시의 로마는 바울이 생각한 그런 곳이 아니었다. 여기서 우리는 로마의 상황을 배경으로 바울의 행적을 재구성할 여지를 갖는다.[5] 바울의 존재를 거의 잊고 있던 로마의 기독교 공동체를 찾아간 바울은 자신의 선교의지를 천명하였으나 그의 기대와 다르게 그들의 후원을 이끌어 내지 못한다. 왜냐하면 그 지역은 바울이 가기에 현실적으로 어려운 점이 있었다. 언어소통의 어려움, 바울에 대한 신뢰의 문제, 바울과 그들이 생각한 적절한 때의 불일치 등을 생각할 수 있다. 결국 그들은 바울의 실패를 논했을 것이고 로마 공동체는 바울을 선교사로 파송하지 않았을 것이다.

이러한 과정에서 바울은 로마 교회에 심한 실망감을 느끼고 환멸을 가졌을지 모른다. 그리하여 그는 스스로 자신의 소명을 따라, 이에 반하여 스페인으로 갔을 것이다.[6] 하지만 바울의 스페인 선교는 로마인들의 예상처럼 실패했을 것이다. 스페인으로 가기에는 바울의 열정이 통용되지 않았을 것이다. 결국 그는 몇몇 도시를 지나 에베소로 돌아와서 약 2년 정도 머물게 된다. 아마도 그는 그곳에서 자신의 실패를 기억하는 시간을 가졌을 것이다. 그렇다면 실제 그는 실패하였나? 그것은 어느 누구도 판단할 수 없는 일이다.

그런데 바울이 다시금 로마를 찾게 된 배경은 바울의 선교에 그렇게도 냉담하던 로마 교인들이 이제 네로의 핍박에 시달리고 있음을 알게 된 것이다. 그래서 그는 늙은 몸을 이끌고 로마 교인들을 위로하려고 다시 로마로 떠난다. 성격이 매우 급했던 바울은 자신의 일정을 늦추지 않고 로마로 떠났을 것이고 65년 여름과 가을 사이에 도착했을 것이다. 물론 이때는 아주 극심하던 네로의 핍박이 어느 정도 지나갔으나 여전히 핍박받고 있었다.

그러나 로마에서 바울이 경험한 것은 그가 생각했던 것과는 달랐다. 바울은 그곳의 그리스도인들에게 확고한 신념으로 복음을 전하면서 그들을 위로하고 용기를 주려고 했을 것이다. 그러나 바울은 그들에게 그리 환영을 받지 못했고 대우받지 못했다. 그들이 보기에 바울은 외지인이었고, 또 다른 이유는 자신들이 다시 그리스도교인임을 표명하면 황제의 관심 대상이 될 것이고 이로써 매우 곤란한 경험을 또 겪을 것이 분명했기 때문이다.

이러한 바울의 평가는 그가 체포되어 감옥으로 갔을 때 보인 로마 교인들의 반응에서 알 수 있다. 바울은 디모데후서 4:16 이하에서 자신이 얼마나 초라한 대우를 받았는지를 적는다. "내가 처음으로 변호하러 판사 앞에 섰을 때 아무도 나를 도와준 사람이 없었고 모두 나를 버렸으나 그들에게 허물이 돌아가지 않게 되기를 바란다." 편지의 마지막 부분에 써 있는 이 언급은 그 당시 바울의 심경을 매우 잘 설명해 준다. 이러한 바울이 지금 무엇을 느끼며 삶을 마감하고 있겠는가?

바울의 유산

지금 바울의 처지는 쇠사슬에 매인 범법자다(딤후 2:9). 그는 박해를 당하는 로마의 성도들을 위하여 달려갔다가 다시금 옥에 갇힌 것처럼 보인다. 그를 찾아오던 오네시보로에게 무슨 문제가 생긴 것 같은데, 아마 불의의 사고로 죽은 것 같다(딤후 1:18).[7] 당시 로마는 약 백만 명이 살았고 도로의 표지판이 제대로 갖추어 지지 않았다. 그러니까 오네시보로는 번지수도 모르는 감옥으로 바울을 찾아 왔고 이러한 그의 방문은 바울에게 적지 않은 위로를 주었던 것 같다.

실제 바울이 마지막 목표로 삼았던(롬 15:19의 쿠클로의 해석 여하에 따라서 다르지만) 로마서에서의 선교는 성과를 거두지 못한다. 다시 로마에 와서 디모데에게 쓴 이 서신을 통하여 추측할 수 있는 것은 바울이 낙담되는 여러 가지 일로 위축되었고 이제 로마 감옥에서 자신의 죽음을 보는 것 같다는 것이다. 그러나 이 서신을 쓰는 배경을 보면 바울은 이미 자신의 마지막 선교에 어려움을 겪었지만 또한 그 어려움의 뒤안길에서 자신의 소명을 재확인했을 것이다. 이 같은 그의 모습에서 하나님의 사람의 모습이 보인다.

바울은 자신의 영으로 난 아들이자 자신의 동역자였으며, 이제는 후계자가 된 디모데에게 자신의 심경을 말한다. 특히 우리가 생각하는 바울의 이미지와는 매우 다른 모습이 디모데후서에 나타난다. 승승장구하지 않은 모습에서 우리는 이 땅에 미련을 두고 살지 않은 바울의 모습을 볼 수 있는데, 이것은 그가 궁극적으로 하나님의 나라를 염두에 두었음을 암시한다(딤후 1:8~10).

이 땅에서 보기에는 실패라도 그것이 실패인지 성공인지는 아무도 판단할 수 없다. 예수님의 사역이 인간의 관점, 세속적인 관점에서 성공이라고 누구도 말하지 않을 것이다. 그러나 그분은 하나님의 뜻을 순종함으로 자신의 운명을 완성하셨다. 바울도 자신의 사역의 완성을 보고 떠난 것이고, 그가 그것을 이루었다면 자신이 이 땅에 산 목적을 이루고 간 것이다. 이것은 그에게 선한 결과다.

어찌 보면 인간적인 쓸쓸함이 배어 있는 바울의 글에서 우리는 바울이 이 땅의 것에서 벗어나는 모습을 느낄 수 있다. 인간적인 바울의 모습은 다른 한편으로 하나님을 향해 온전히 집중함으로 이 땅과의 결별을 매우 미련 없이 받아들이는 기초가 된다. 실제로 바울은 자신의 실패를 다루면서 그리 슬퍼

하지 않는 것같이 보인다. 오히려 본문 하반절에서 언급된 것과 같이 그는 확신에 찬 선포를 하면서, 디모데와 에베소 교인들에게 신앙의 순수함을 사수하라고 당부한다. 결국 그는 그렇게도 원했던 길을 떠난 것이다.

또 하나 볼 수 있는 바울의 모습은 자신을 그리 환대하지 않은 로마의 교인들을 사랑하는 모습이다. 그가 로마에서 죽게 되는 원인도 사실 그들을 위로하러 떠났다가 체포된 것이다.

이러한 그의 삶을 보면서 기독교 신자들에게 행하는 끝없는 희생을 위해 자신을 헌신함이, 이 땅에 사는 동안 기독교 지도자가 가져야 할 궁극적인 모습이 아닐까 생각한다.

03

디모데전후서의
수신인 디모데

바울 선교에서 차지하는 그의 위상

들어가면서

바울은 많은 동역자들과 함께 사역했다.[1] 그 중에서 특히 디모데라는 인물이 돋보인다. 그는 여러 바울서신의 공동 저자일 뿐만 아니라, 빌립보, 데살로니가, 고린도, 에베소 등 광범위한 지역에서 활동하였다. 본문의 목적은 바울과 함께 일한 사역자들과 디모데를 비교함으로써, 바울 선교에서 차지하는 디모데의 위상과 비중이 어느 정도인지를 가늠해 보는 데 있다. 이 탐구는 첫 두 권의 목회서신 수신자인 디모데에 대한 이해를 증진시킬 것이며, 디모데전후서 통찰에도 많은 도움을 제공할 것이다.

몸말

1. 인물 디모데

디모데는 바울서신 중, 고린도후서, 빌립보서, 골로새서, 빌레몬서 그리고 데살로니가전후서를[2] 공동 저작했다.[3] 이 점에서 디모데는 바울의 동역자 가운데 누구보다 중요한 인물이라고 할 수 있다. 디모데는 바울이 소아시아 중앙 지역을 넘어 서쪽으로 그리고 유럽까지 지경을 넓히는 시점부터 사역의 거의 마지막 때까지 동고동락한 사역자였다. 옥중서신 중 에베소서를 제외한 빌립보서, 골로새서, 빌레몬서를 바울과 함께 저술했다는 점에서 디모데는 바울과 생사를 같이한 동역자라고 볼 수 있다.

바울이 디모데를 만난 곳은 2차 선교여행 때, "거기" 루스드라 지역이다(행 16:1).[4] 디모데(티모쎄오스)라는 뜻은 "하나님을 영화롭게 하는 자"다. 이미 "제자"라는 호칭이 사용되었고(1절), 바울이 그를 "아들"이라고 부르는 점으로 미루어(고전 4:17 등) 디모데는 바울에 의해 이미(즉, 1차 선교여행 때) 기독교 신앙을 받아들인 것 같다. 그의 아버지는 헬라인이었고 어머니가 유대인이었다(행 16:1). 모친의 이름은 유니게, 외조모는 로이스였는데(딤후 1:5) 유대사회는 모계사회기 때문에 어머니가 유대인이면 그 자식은 유대인으로 인정받는다.

디모데의 신실함은 외가에서 물려받은 것이다(딤후 1:5; 참고. 3:14f. 어릴 때부터의 성경과 신앙 교육). 그러나 바울을 만난 이후 할례를 받은 점, 어머니 유니게가 헬라인과 결혼한 점 등을 미루어 디모데 집안은 유대교 신앙에 그리 충실하지 못했다는 의견도 있다.[5] 헬라인이던 다른 동역자 디도에게는 할례를 받도록 하지 않은 반면(갈 2:3), 디모데에게는 그렇게 했던 이유는 효과적으로 유대인 선교를 하기 위해서였다. 혹은 적대적인 유대인들의 비판과 시비를 사전에 차단하기 위함일 수도 있다(고전 9:20~22. 바울의 융통성 있고 유연한 선교 전략).

바울은 디모데를 "형제"(고후 1:1; 골 1:1; 살전 3:2; 몬 1절), "일꾼"(살전 3:2; 롬 16:21), "종"(빌 1:1), "아들"(고전 4:17; 딤전 1:2; 1:18; 딤후 1:2; 2:1) 등으로 부른다.

2. 바울 선교에서 그의 족적

루가오니아 지방에서 바울 일행에 합류한 디모데는 함께 드로아에서 바다를 건너 그리스 땅으로 갔다. 빌립보에서도(행 16:12) 바울, 실라와 함께 사역했다. 그러나 사도행전 16장에는 선교활동을 하다가 바울과 실라가 감금되었다는 기사만 있을 뿐, 디모데에 대한 언급은 없다. 아마 당시 그의 나이가 어렸기 때문에("누구든지 네 연소함을 업신여기지 못하게 하고"-딤전 4:12) 또는 우연히 현장에 없어서 체포를 모면했던 것 같다.

데살로니가 지역에 관한 사도행전 기사에서도(17:1~9) 디모데의 이름을 찾을 수 없다. 베뢰아에서(17:14) 비로소 디모데가 다시 거론된다. 아테네에 막 도착한 바울은, 실라와 디모데도 그곳으로 속히 오도록, 자신을 인도한 사람들에게 부탁했다. 두 동역자는 아테네가 아닌 고린도에서 바울과 재회한다(행 18:5). 데살로니가전서 3:1f에 따르면 바울이 아테네에 있을 때 데살로니가인들을 굳게 하고 믿음을 위로하기 위해 디모데를 그곳으로 보냈다. 디모데는 바울이 준 과업을 완수하고 바울에게 되돌아왔다(살전 3:6).

디모데는 빌립보에서도 사역한 적이 있다. 그 지역 교인들도 그를 잘 알기 때문에, 사도 바울은 디모데를 그곳에 보낸다(빌 2:22). 그를 빌립보 교회로 보내는 이유에 대해 바울은 "이는 뜻을 같이 하여 너희 사정을 진실히 생각할 자가 이밖에 내게 없음이라"(빌 2:20)고 밝힌다. "디모데의 연단을 너희가 아나니 자식이 아버지에게 함같이 나와 함께 복음을 위하여 수고하였느니라"(빌 2:22)는 구절에서 알 수 있듯이, 빌립보에서 복음을 위해 디모데가 쏟았던 열정과 수고는 바울뿐만 아니라 그곳 교인들에게서 이미 검증되었다.

바울이 데살로니가에 디모데를 파송한 것은 같은 이유에서였다. 디모데는 데살로니가에서도 성심성의껏 복음을 위해 사역했다. 그의 열심과 노고는 바울뿐만 아니라 그곳 사람들에게서도 인정된 바 있다(살전 2:6~10). 바울은 이런 디모데를 사도의 반열에까지 올려놓는다(살전 2:6). 데살로니가전후서의 저자 중 한 사람이 디모데인 것은 이처럼 다 이유가 있다.

아테네를 떠나 데살로니가로 가서 소정의 임무를 마친 디모데는 고린도로 귀환한다. 바울은 고린도에서 1년 반 동안 머물며 복음을 전했다(행 18:11). 유대인들이 바울을 재판정에 세웠지만, 아가야의 총독 갈리오는 유대인 내부 문제라고 판단하고 관여하지 않았다. 정황이 불리하게 전개되자 바울은 고린도를 떠나 시리아로 간다(행 18:18).

3차 전도여행 중에 바울은 에베소에 장기 체류한다(두란노 서원에서 2년간 강론-행 19:10, 3년간 훈계-행 20:31). 이때 바울은 고린도 교회에 디모데를 보내 교회가 당면한 문제를 해결한다. 고린도 교인들과 바울 사이는 '제자—스승' 관계가 아니라 '자식-부모' 관계라고 선언할 만큼(고전 4:15) 각별했다. 이 교회에 사랑하는 신실한 아들 디모데가 가서 바울이 가르친 것을 상기시켰고(4:17), 고린도 교인들로 하여금 영적인 부모인 바울을 본받도록 했다(4:16).

이처럼 디모데는 고린도 복음전파의 주역 중의 한 사람이었다(참고. 고후 1:19). 그의 성격은 그러나 활달하거나 적극적이지 못했던 것 같다. 그렇기에 에베소에 체류하던 바울은 고린도 교회에 그를 보내면서 디모데는 주의 일을 위해 힘쓰는 자니, 세심하게 영접함으로써 그의 마음에 두려움이 생기지 않게 하여 그가 고린도에 있도록 하라고 권면한다(고전 16:10). 심지어 바울은 디모데가 가거든 멸시하지 말고 평안히 자기에게 돌아올 수 있도록 해달라고 부탁까지 했다(16:11).

바울의 계획은 오순절까지는 에베소에 있다가 마케도니아를 방문한 후, 가능하면 고린도에서 겨울을 나고(고전 16:5f), 예루살렘 교회를 위해 모금한 것을 가지고 예루살렘에 올라가는 것이었다(고전 16:3f). 디모데는 고린도후서의 공동저자 중 한 사람이기도 하다. 이는 고린도로 파견된 그가(고전 4:17; 16:11) 다시 에베소로 돌아왔음을 뜻한다. 두 번째 서신에서 바울은 앞서 세웠던 마케도니아 → 아가야 → 예루살렘으로의 여행 계획이 연기될 수밖에 없는 이유와 사연을 밝힌다(고후 1:16, 23; 2:1). 그리고는 말미에 다시 고린도를 세 번째로 방문할 것이라고 언급한다(고후 12:14; 13:1). 이 말은 바울이 그 사이에 한 번 더 고린도를 방문했다는 뜻이다('중간 방문').[6]

바울은 마케도니아와 아가야를 거쳐 예루살렘으로 가기로 결정하고, 디모데와 에라스도를 먼저 보냈다(행 19:21f). 아데미의 신상 모형을 만드는 은장색 데메드리오가 일으킨 소동이 진정된 후, 바울은 에베소에서 마케도니아로 출발했다(행 20:1). 그리고 3개월 동안 유럽에 머물면서 예루살렘을 위한 모금 활동을 마무리한다(행 20:3; 롬 15:25ff). 이 시기에 바울은 로마 교회에 보내는 서신을 저술했다. 마지막 인사 첫 부분에 디모데가 로마 교인들에게 안부를 전한다(롬 16:21). 즉 바울의 유럽 마지막 방문에서도(3차 여행) 디모데는 중요한 역할을 감당했던 것이다.

모든 사역을 다 마친 후 바울은 뱃길로 예루살렘으로 가려 했으나, 자신을 해하려는 유대인들 때문에 마케도니아 쪽 육로를 택할 수밖에 없었다. 많은 사람들이 동행했는데, 디모데도 그 중 한 사람이었다(행 20:4).[7] 이후 바울의 전기에서 디모데에 대한 언급은 나오지 않는다.

디모데는 목회서신(디모데전후서)의 수신자로서 등장한다. 이 서신에서 바울은 디모데를 "아들"로 부르면서(딤전 1:2 등) 교회를 섬기는 목회자가 어떤 책임과 임무를 해야 하는지에 대해 설명한다. 여기서 디모데는 바울의 제자일 뿐 아니라 바울의 뜻에 따라 확증된 목회 대리인이다(딤전 1:18f; 4:11~16; 5:22; 6:11ff; 6:20; 딤후 1:13f; 2:1~8; 3:14; 4:5). 일종의 율법주의인 이설(異說)이나(딤전 1:6ff) 신화, 족보 등에 기초를 둔 일종의 사색적인 신학(딤전 1:4)을 경계하고, 교회 직제와 관련하여 사역자 선정과 임명에 주의를 기울일 것을 당부한다. 교역자가 갖추어야 할 자질 가운데 중요한 것은 개인 경건이다(딤전 6:11~16).

디모데후서에서 바울은 얼마 남지 않은 자신의 삶을 앞두고(4:6), 디모데가 방문해 주기를(4:9), 구체적으로는 겨울이 오기 전에 오기를(4:21) 바란다. 누가 외에는 현재 바울 곁에 아무도 남지 않았다(딤후 4:10ff). 외로움 때문에 바울은 디모데에 대한 생각이 더욱 간절했다(1:3). 세상의 종말이 점점 다가오고 있다. 이와 관련하여 바울은 디모데에게 필요한 권고를 유언처럼 전한다(3장).

신약성경에서 디모데에 대한 마지막 언급은 히브리서 13:23에 나온다. 거기서 디모데는 최근에 감옥에서 풀려 나온 것으로 설명된다. 히브리서 저자는 디모데가 자신에게 곧 올 것이라고 전하면서, 디모데와 함께 히브리서 수신인들을 방문하겠다고 밝힌다. 디모데를 "우리의 형제"라고 표현하는 것을 볼 때, 히브리서 저자는 디모데를 잘 알고 있었던 것 같다. 디모데의 석방 소식을 전언하며, 그와 함께 독자들을 방문하리라는 예고는 히브리서 독자들도 디모데와 어느 정도 친분이 있었음을 뜻하는 것이다.

3. 여타 동역자와의 관계(디도, 실라, 바나바, 브리스길라/아굴라, 아볼로)

1) 디도

디도는 바울의 동무요, 고린도 교인들을 위한 바울의 동역자다(고후 8:23). 디도가 언제부터 바울 선교에 동역했는지는 불분명하다. 디도는[8] 예루살렘 사도회의 때 처음 등장한다(갈 2:1ff). 이 회의가 사도행전 11:27ff에 나오는 부조를 위한 방문과 같은 것인지, 아니면 사도행전 15장의 사건과 일치하는지는 논란이 되고 있다. 즉 바울이 1차 전도여행 전부터 디도를 알았는지, 아니면 그 이후에 알았는지 불확실하다. 하지만 바울의 연대기로 볼 때, 갈라디아서 2:1ff는 사도행전 15장과 연관되었을 가능성이 높다.[9]

디도는 할례받지 않은 이방인 크리스천이었다(갈 2:3). 바울 복음이 무엇인지 단적으로 말해 주는 실제적인 예로서 디도는 예루살렘 사도회의에 바울의 일행으로 참석했다(갈 2:1).

디도는 특별히 고린도 교회와 관련이 깊다(고후 7:6f). 3차 전도여행 중, 에베소에 장기 체류하던 바울은 디도를 고린도에 보냈다.[10] 고린도전서를 보냈지만 문제가 해결되지 않자 바울은 다시 고린도를 방문했다(소위 '중간 방문'). 그러나 이 노력도 무위로 끝나 바울은 소위 '근심케 하는 편지'로[11] 알려진 서신을 통해 강하게 고린도 교인들을 질책했다(고후 7:8). 그리고 디도를 보냈던 것이다.

드로아에서 만나기로 한 약속에 따라 바울은 그곳으로 갔으나 디도가 나타나지 않자, 초조한 마음으로 마케도니아로 건너갈 수밖에 없었다(고후 2:13). 다행히 마케도니아에서 바울은 고린도에서 온 디도를 만났고, 그에게서 고린도 교인들이 회개하고 다시 신앙의 정도(正道)를 걷고 있다는 기쁜 소식을 듣는다(고후 7:9). 고린도에서 디도는 정상으로 돌아온 교인들의 신앙 상태를 확인하고 기쁨과 안도감을 느끼며 돌아온 것이다(고후 7:13).

이전에 바울은 디도에게 고린도 교인의 신앙을 자랑한 적이 있다(고후 7:14; 참고. 8:24). 디도도 고린도 교인들에 대해 남다른 애정을 가지고 있었다(고후

7:13; 8:16). 그래서 '근심의 편지'가 전달된 이후에 고린도를 방문했던 것이다. 바울이 모금 사업을 완수하라는 임무를 주면서 다시 한 번 고린도에 갈 것을 권했을 때(8:6), 디도는 자원하는 심정으로 이를 받아들였다(8:17). 디도는 다른 형제와 함께 고린도에 갔다(8:17ff; 12:18). 고린도 교인들은 이처럼 신실한 디도에게 신앙의 증거들을(모금) 보여야 했다(8:24). 디도는 사심 없이 모금사역을 잘 수행했다(참고. 롬 15:26). 바울은 이 사실을 고린도인들에게 상기시킨다(고후 12:18).

다른 서신에 따르면 디도는 그레데에서 사역하고 있었다(딛 1:5). 그 후에는 달마디아로 갔다(딤후 4:10). 니고볼리에 와서 겨울을 나기로 마음먹은 바울은 디도에게 그곳으로 오라고 권한다(딛 3:12). 사도행전에는 디도라는 이름이 언급되지 않는데, 사도행전 18:7에 고린도에서 바울이 거처를 옮겨 하나님을 공경하는 디도 유스도라 하는 사람의 집에 들어갔다는 기사가 나온다. 혹자는 여기 디도 유스도가 바울의 동역자 디도가 아닐까 추정하지만 신빙성이 없다. 몇몇 사본은(B*, D², sy^h) "티토스 유스토스"가 아니라 "티티오스 유스토스"라고 읽으며, 다른 사본들은(A, B², D*) "티토스"를 생략하고 "유스토스"라고만 표기하기 때문이다.

디도는 열정이 넘치는, 교인들을 사랑하는 마음으로 충만한 바울의 동역자였다(고후 8:16f). 성령의 역사나 사역 스타일이 바울을 닮았다(고후 12:18). 그는 특히 고린도 교인들로 하여금 바른 신앙의 길을 걷도록 노력했고, 자원하여 예루살렘 교회를 위한 모금을 위해 애썼다. 디도서 1:4에서 바울은 "같은 믿음을 따라 된 나의 참 아들"로 디도를 칭한다. 이는 바울이 아들이라 부른 디모데의 예와 마찬가지로(고전 4:17; 참고. 딤후 1:2), 디도도 바울에 의해 기독교로 개종했음을 뜻하는 것이다.[12]

2) 실라

사도행전은 "실라"(Silas)로, 바울서신은 라틴 발음인 "실루아노"(Silouanos)로 표기한다. 실라는 사도행전 15:22ff 에 처음 등장한다. 예루살렘 사도회의 결과, 최소 요건만 충족되면(우상숭배, 음행, 목 매어 죽인 것, 피) 이방인들을 신자로 받아들이자는 합의가 이루어진다. 회의 후 바울과 바나바가 안디옥으로 돌아갈 때, 예루살렘 교회 지도자 중에서 바사바라고 하는 유다와 함께 실라가 함께 파송된다.[13]

두 사람은 안디옥에 가서 예루살렘 회의에서 결정된 사항을 전달하고, 교인들을 권면하며 예루살렘 교회로 되돌아왔다(행 15:30~33). 몇몇 사본에는(C, D) 빈 34절에 "실라는 그들과 함께 유하기를 작정하였고"라는 내용이 있다. 이는 예루살렘에 있는 실라가 아무런 설명 없이 바울의 동역자로 2차 전도여행에 참여하게 된(40절) 경위를 보충하는 내용이라고도 볼 수 있다. 물론 예루살렘으로 돌아갔던 실라가 다시 돌아와 2차 여행에 합류했을 수도 있다.

실라는 데살로니가전서 발신인 중의 한 사람이다(1:1). 데살로니가전서에서 "빌립보에서 고난과 능욕"이라는 표현은(2:2) 사도행전 16장의 내용과 일치한다. 바울과 실라는 빌립보에서 유대인들에게 고발당하고 매 맞고 감옥에 갇혔다(행 16:19ff). 데살로니가에서도 바울과 실라는(행 17:10) 시기하는 유대인들의 사주로 백성들에게 린치(폭력 또는 재판없이 목 매달아 죽이는 것)를 당할 뻔한다.

다음 여행지인 베뢰아는 바울 일행에게 비교적 우호적이었다(17:11). 그러나 데살로니가의 유대인들이 이곳까지 찾아와 적대감을 조성하는 바람에 바울은 홀로 급히 배로 아테네로 갈 수밖에 없었고 남아 있던 디모데와 실라는 속히 아테네로 오라는 바울의 전갈을 받는다(17:15). 실라는 디모데와 함께 고린도에서 바울과 합류한다(18:5; 참고. 고후 1:19). 2차 전도여행 중, 바울이 고린도를 떠나 에베소로 간 이후 기사에서 실라의 이름이 더 이상 거론되지 않는다. 아마도 실라는 고린도에 남았던 것 같다.[14] 혹자는 그가 안디옥으로 되돌아갔다고 추정한다.[15]

그 후 실라는 베드로전서에서(5:12) 베드로의 대필자로 한 번 등장한다(바울 서신처럼 "실루아노"로 표현). 베드로는 실라를 일컬어 "내가 신실한 형제로 아는"이라고 설명한다. 베드로전서는 본도, 갈라디아, 갑바도기아, 아시아, 비두니아 등(1:1) 주로 소아시아 중북부 지역 교인들을 대상으로 기록된 것이다. 2차 전도여행 중에 이곳을 방문하면서 실라는 교인들과 어느 정도 교분을 쌓았거나, 아니면 최소한 그의 이름이라도 사람들에게 알려져 있었을 것이다.

바울이 안디옥에서 마가 요한 문제로 바나바와 결별하고 대신 실라를 택해 2차 전도여행을 떠남으로써 실라는 바울의 동역자로 합류한다. 빌립보, 데살로니가 그리고 베뢰아 지역에 실라의 족적이 남아 있다. 베뢰아에서 바울은 피신한 반면에 실라와 디모데는 남겨져 있었다는 점에서, 실라는 바울보다 비교적 온건한 성향의 인물이라고 볼 수 있다. 이는 예루살렘 교회 출신이라는 그의 배경과 무관하지 않다. 고린도 이후에는 그의 이름이 더 이상 언급되지 않는다. 따라서 바울선교에서 차지하는 그의 역할이나 비중이 디모데보다는 작았다고 추정할 수 있다.

3) 바나바

그의 이름은 요셉이요, 바나바(Barnabas)는 별칭이다. 누가는 아람어 'bar nebuah'(바르 네부아)에 근거해서 "위로의 아들"로 이해했다(행 4:36). 바나바는 구브로 출신의 레위인으로(4:36) 공동생활을 하는 초대 교회의 전통을 따라(2:44ff; 4:32ff) 재산을 팔아 기증하고 예루살렘 교회의 일원이 되었다. 바울이 회심 후 예루살렘에 왔을 때 아무도 선뜻 받아 주지 않는 상황에서 바나바의 중재가 아니었다면 예루살렘의 제자들과 사도들은 바울을 동료로 인정하지 않았을 것이다(9:27).

바나바는 디아스포라 유대인이었지만, 소위 '일곱 집사'와(6:5) 같은 부류는 아니었던 것 같다. 이는 다음의 두 가지 사실을 통해 추론된다. 1) 일곱 집사 중 한 사람인 빌립은 예루살렘 교회가 파송한 정식 전도자가 아니다. 그래서 그의 사역에서 성령체험이 발생하지 않는다(8장). 바나바는 이와 달리 예루살렘 교회가 정식으로 안디옥에 파송한 사역자였다(11:22ff). 2) 빌립은 예루살렘에 큰 박해가 났을 때 이를 피해 사마리아로 갔다(8:1ff; 참고. 11:19). 사도들은 계속 남아 있었는데, 바나바도 이들과 함께했다(11:19ff).

바나바는 "착한 사람이요, 성령과 믿음이 충만한 사람"이었다(11:24). 예루살렘 교회가 그를 안디옥에 보내 교회를 인도하도록 했고, 바나바는 다소에 있던 바울을 불러 함께 교회를 섬겼다(참고, 갈 2:1). 밤빌리아에서 돌연 귀국한 마가, 요한 문제로[16] 갈라서기 전까지 둘은 공동으로 사역했고 1차 선교여행도 같이 다녀왔다.

그리고 바울 저작에서 바나바보다 뛰어난 바울의 지도력이 부각된다. 바울은 안디옥 교회 대표로서 예루살렘 회의를 주도한다(갈 2:1~10). 할례받지 않은 디도를 데려감으로써 바울이 주장하는 '율법에서 자유로운 복음'이 무엇인지를 예루살렘 교회에 천명했다(갈 2:3). 예루살렘 교회는 자신에게 역사하는 성령이 바울에게도 활동하고 계심을 인정하지 않을 수 없었고, 모두 같은 복음의 사역자요 동역 파트너임을 확인했다(갈 2:8f).

안디옥에서 불미스러운 사건이(갈 2:11~14) 생기기 전까지 바나바는 바울과 의견을 같이했다. 안디옥에 온 베드로가 이방인들과 함께 식사를 하다가 야고보가 보낸 어떤 이들이 당도하자 슬그머니 자리를 피했다. 바울은 베드로의 이러한 태도를 외식이라고 비난했는데, 이어 다른 유다의 형제들과 바나바까지도 베드로의 외식에 동참하였다(갈 2:11ff).

바울의 영향이 강력하게 반영된, 율법에서 자유로운 복음이 전파된 안디옥에 예루살렘에서부터 형제들이 와서 모세의 율법도 지켜야 구원받는다고 강변하자 바나바마저도 그들의 논리에 설득당했던 것이다. 비록 바나바는 끝까지 바울의 입장을 옹호했지만, 대세가 친유대적인 신앙으로 기울자 부득불 바울에게 등을 돌릴 수밖에 없었다(갈 2:13). 하지만 고린도전서 9:6에서 바나바가 바울과 함께 사도로 취급되는 것을 보면, 둘 사이의 불화는 관계 단절의 상태까지 치닫지는 않은 것 같다.[17]

4) 브리스길라/ 아굴라

황제 클라우디우스(AD 41~54년)가 로마에 거주하는 모든 유대인들을 추방했을 때,[18] 아굴라(Akulas)와 브리스길라(Priskilla, 바울서신에는 Priska-롬 16:3)는 제국의 수도를 떠나 고린도로 왔고, 마침 그곳에 도착한 바울과 조우했다(AD 49년, 행 18:2ff). 부부와 바울은 업이 같았다(천막 제조업). 아굴라는 본도 출신이고 그의 아내의 고향은 언급되지 않는다. 바울을 만났을 때 이미 신앙을 가지고 있었는지, 아니면 바울을 통해 복음을 접했는지는 불분명하다.[19]

바울이 고린도를 떠날 때 부부도 동행한다(행 18:18). 예루살렘으로 올라가면서 바울은 둘을 에베소에 남겨 두었다(행 18:21ff, 26). 아시아 속주 중 가장 큰 도시요, 아데미 신전이 있던 도시 에베소에 그들이 머물고 있을 때 아볼로가 왔다. 부부는 그에게 "하나님의 도를 더 정확하게 풀어" 가르쳤다(행 18:24ff). 둘의 이름은 또한 고린도전서 16:19에서도 발견되는데 여기서는 아굴라의 이름이 먼저 나온다. 그러나 대부분은 브리스길라가 먼저 거론된다(롬 16:3; 행 18:18, 26). 따라서 학자 중에는 아내가 남편보다 더 활발한 사역을 했을 것이라고 추정하는 이들도 있다.[20]

고린도에서 쓴 마지막 편지인 로마서에서(16:3f), 바울은 로마 교인들에게 이 부부를 동역자라고 칭하면서 둘에게 안부하라고 권한다. 브리스길라와 아굴라는 바울 사도를 위해 목숨까지 내놓은 귀한 존재들이다. 여기서 우리는, 이 부부가 에베소에 머물다가 마지막에는 다시 로마에 가서 정착했음을 알 수 있다. 부부가 자주 거주지를 옮긴 까닭은 바울 선교를 위한 지원과 무관하지 않다. 그들은 바울이 활동할 곳에 미리 자리를 잡음으로써 교두보를 확보했던 것이다(에베소, 로마의 경우).

부부는 에베소 또는 고린도에서 생명의 위험까지도 감수하면서 바울을 위한 수고와 헌신을 아끼지 않았다. 고린도후서 1:18ff를 참고할 때("아시아에서 당한 환난 … 살 소망까지 끊어지고 … 사형 선고를 받은 줄 알았으니") 그곳이 에베소일 가능성이 높다. 그들의 노고가 얼마나 컸던지, 바울은 이방인의 모든 교회가 감사해야 한다고 말한다(롬 16:4). 그들은 에베소와 로마에서 각각 가정 교회를 조직하여 섬겼다(고전 16:19; 롬 16:5a). 디모데후서 4:19에도 부부의 이름이 나오기는 하지만 여기서는 도움이 될만한 정보를 구할 수 없다.

5) 아볼로

바울이 2차 전도여행 중, 에베소를 떠나 예루살렘으로 갔을 때 알렉산드리아 출신의 아볼로(Apollōs)가 에베소로 왔다(행 18:24). 그는 일찍이 복음을 접했다. 언변이 좋고 성경 지식이 풍부했으며 활달하고 적극적인 성격 덕분에 예수 그리스도를 열심히 증거했고 또한 잘 가르쳤다. 하지만 그의 선포 내용 가운데는 부족한 부분이 있어(24f절 "요한의 세례만 알 따름이라") 브리스길라, 아굴라 부부가 그에게 몇 가지를 가르쳐 주었다.[21] 아볼로는 아가야 지방에 가기를 원했고 에베소의 형제들은 그를 위해 추천장을 써 주었다. 덕분에 아가야 지역 교인들에게 영접을 잘 받았다. 고린도에 그의 족적이 분명히 남아 있다(27절; 참고. 고전 1:12).

바울과 아볼로는 동급의(3:22; 4:6) 동역자(3:9)요 사역자였다(고전 3:5). 다만 역할이 서로 달랐을 뿐이다("바울은 심었고 아볼로는 물을 주었으되" 고전 3:6). 바울은 그를 형제라고 부르기까지 했다(고전 16:12). 아볼로는 이미 복음이 전해진 곳에 가서(고전 3:6) 성령 충만한 말씀을 전했다. 그는 논쟁에 능한 자였다(행 18:28). 고린도 교회에 아볼로를 추종하는 무리가 있었다. 이들은 다른 파당과(바울파, 게바파, 그리스도파) 경쟁 관계에 있었다(고전 1:12).

바울은 고린도전서에서 "말과 지혜의 아름다운 것"(2:1)이 아니라 "십자가의 도"(1:18)를 부각시키며 사역에서 자신과 아볼로는 같은 하나님의 일을 한다고 강조한다(3장). 이로써 우리는 교회 내 분파간에 어느 정도의 알력과 갈등이 존재했음을 알 수 있다. 그러나 고린도전서 4:6을("나와 아볼로를 들어서 본을 보였으니") 참고할 때 그리고 앞에서 이미 지적했듯이 바울이 아볼로를 "형제", "동역자", 같은 "사역자"로 칭하는 점 등을 미루어 보아 두 사람 사이에 직접적인 갈등은 없었던 것 같다.

아볼로는 후에 다시 에베소로 돌아왔고 마침 그곳에 체류하던 바울을 만날 수 있었다. 바울은 다시 고린도에 갈 것을 아볼로에게 권했지만, 후일 기회가 주어질 때 그렇게 하겠다고 완곡히 사양했다(고전 16:12).[22] 바울이 고린도 방문을 권면한 이유는 아마도 그곳에 존재하는 각 분파간의 반목이나 대립을 해소하고 교인들의 신앙을 더욱 굳건히 세우기 위함이었을 것이다.

목회서신에서도(딛 3:13) 아볼로가 언급된다. 그레데 섬으로 율법교사 세나와 아볼로를 속히 보내서 자신이 파송한 두 사람을(아데마, 두기고) 잘 맞이할 수 있도록 준비하라고 바울은 디모데에게 당부하는 내용에서 찾아볼 수 있다.

나가면서

바울의 동역자를 분류하면 다음과 같다. 1) 바울이 직접 선발하고 양육한 자들(디모데, 디도), 2) 바울의 복음정신에 동의하여 선교에 합류한 인물 ①예루살렘 교회 관련자(바나바, 실라), ②예루살렘 교회와 무관한 자들(브리스길라/아굴라, 소스데네), 3) 바울의 복음에 어느 정도 영향을 받았지만 독립적으로 사역한 자들(아볼로), 4) 바울과 무관한 그러나 하나님의 선교라는 광의(廣義)에서 동역한 자들(야고보, 베드로).

〈표 1〉에서 보듯이 디모데는 본토에서 비교적 멀리 떨어진 소아시아 중부 지역에서 바울을 만나 선발되고 양성된 인물이다. 그는 가장 오랫동안 바울 사역에 동참했다. 광범위한 지역에서(더베/루스드라, 빌립보, 데살로니가, 베뢰아, 고린도, 에베소) 그의 족적이 발견되며 바울의 동역자 중에서 그의 이름이 가장 많이 언급된다.[23] 아가야에서 예루살렘으로 최후의 장도(壯途)에 바울이 오를 때도 디모데는 동행인 중의 하나였다.

디모데는 바울의 동역자면서 제자다. 바울은 그를 "형제", "일꾼", "종" 그리고 "자식"이라고까지 부른다. 동역자 중에서 "자식"이라고 일컬어진 이는 디도 외에(1회, 딛 1:4) 디모데가(5회, 고전 4:17; 딤전 1:2; 1:18; 딤후 1:2; 2:1) 유일하다. 동역자 중에서 가장 많은 편지를 쓴 공동저작자기도 하다(고후, 빌, 골, 살전, 살후).

목회서신의 수신자는 바울이 설립한 특정 교회가 아니라 동역자다.[25] 바울서신의 수신인이라는 점에서 디모데와 디도는 바울의 다른 사역자들보다 더

⟨표 1⟩

선발/접촉 형태		인 물	주요 활동 거점들
직접 선발, 양육		디모데	더베/루스드라, 빌립보, 데살로니가, 베뢰아, 고린도, 에베소
		디도	사도회의, 고린도
후일, 선교에 합류	예루살렘 교회 관련	바나바	1차 전도여행
		실라	예루살렘, 빌립보, 데살로니가, 베뢰아, 고린도
	예루살렘 교회와 무관	브리스길라/아굴라	고린도, 에베소, 로마
		소스데네[24]	고린도, 에베소
영향권 내의 동역자 관계		아볼로	에베소, 고린도
영향권 밖의 동역자 관계		야고보(비우호적)	예루살렘
		베드로(우호적)	예루살렘, 안디옥, 고린도

주목받을 가치가 있다. 디도는 사도행전에서 한 번도 거론되지 않고 사도회의 때 바울의 동반자로 처음 소개되었다. 그의 사역은 고린도 교회의 모금에 한정되어 있다. 이와 달리 디모데는 오랫동안 그리고 광범위한 지역에서 바울의 동역자로 수고와 노력을 아끼지 않았다. 즉, 바울을 도왔던 사람들 중에서 목회서신의 수취인인 디모데는 역할과 비중 면에서 볼 때 누구보다도 중요한 인물이라 할 수 있다.

04

그레꼬-로마적 관점에서 본 목회서신의 결혼 문제

들어가는 말

 필자가 교회 생활을 하면서 언제나 풀리지 않아 꺼림칙하게 생각하는 문제들이 서너 가지가 있는데, 제사(祭祀), 여성들의 목사나 장로 안수의 배제, 이혼 문제 등에 대한 교회의 정리되지 않은 의견들이다. 물론 한국 교회에는 아직까지 풀지 못한 이보다 더한 많은 문제들이 숙제로 남아 있기는 하지만, 그 중에서 특히 결혼과 관련된 문제에 대한 궁금증을 해결할 수 있을 것으로 기대되는 본문들을 중심으로 성서적인 해결책을 제시해 보려고 한다.
 교회에서 이혼 문제는 신중히 다루어야 할 이슈인 게 분명하다. 그러나 이것은 결코 평신도에게만 해당되는 것이 아니다. 필자의 신학교 동기는 어렵게 공부하여 박사 학위를 마쳤지만, 이혼으로 매사에 수많은 제약을 받으며 조심스럽게 행동한다. 참으로 안타까운 현실이 아닐 수 없다.
 이런 문제는 비단 필자의 동기에게만 국한된 것은 아닐 것이다. 천재지변이긴 하나 한국 전쟁을 치르면서 헤어진 가족들을 가진 이북 출신 목회자들의 경우도 이런 경우와 아주 흡사하다고 볼 수 있다. 교회의 직분자들을 선출할 때도 이혼 문제는 역시 상당한 골칫거리가 아닐 수 없다. 집사로 임명받아 오랫동안 봉사한 분이 안수 집사나 장로로 장립받지 못해서 시름에 빠져 곤란해하는 것을 더러 보아온 필자로서는 이 문제를 본격적으로 다루어 볼 기회를 보고 있었던 차였다. 더구나 어느 성도의 말이 지금도 잊혀지지 않는다. 어느 목사님이 사모님을 먼저 하나님 나라에 보내고 일 년 만에 재혼을 하니, 그가 하는 말이 '왜 우리 목사님은 한경직 목사님처럼 수절하지 못하느냐'고 매우 분노하는(?) 것이었다. 필자는 '한경직은 하나로 족하다'는 말로 그를 다독거렸지만, 이렇게 복잡한 문제가 바로 결혼과 관련해서 생기는 문제다. 이처럼 목회자들에게도 종종 발생할 수 있는 이혼 문제에 대한 관심을 가지고 디모데전서와 디도서의 해당 본문들이 과연 확실한 해결책을 제시해 줄지 기대하면서 논의를 시작해 보자.

목회서신과 교직자의 결혼 문제

목회서신에서 감독(딤전3:1~7), 집사(딤전3:8~13) 그리고 장로(딛1:5~9)의 자격 기준에 대한 목록은 공통적으로 후보자의 결혼과 깊은 관련이 있다. 교회의 지도자가 되려는 사람에게 요구되는 조건들 가운데 가장 중요한 구절은 '한 아내의 남편'(미아스 귀나이코스 아네르, 딤전3:2, 12; 딛1:6)이라는 것이다. 교부시대부터 현재까지 이 구절에 대해서 여러 해석들이 제시되었지만, 아직까지 그 의미에 대해서 분명한 일치를 찾지 못하고 있다.[1]

대개 '한 아내의 남편', 혹은 '오직 한 번 결혼한 남편'으로 번역했다. 이렇게 번역하는 것은 지도자가 되는 자격 기준이 결혼과 깊은 연관성을 갖고 있다는 사실을 전제로 하는 것으로 보인다. 이런 해석과 약간의 차이를 보이는 번역으로 뉴 잉글리시 바이블(New English Bible)을 들 수 있는데, 그것은 '미아스 귀나이코스 아네르'를 '그의 한 아내에게 충실한'(faithful to his one wife) 으로 읽고 있다. 이 번역은 특정한 후보자의 결혼 신분 자체에 대한 관심보다는 현재 결혼한 상태를 민감하게 평가하는 신뢰의 관계에 더 많은 관심을 보여 주는 점이 특이하다.

우리가 연구의 주제로 삼는 결혼에 관한 구절들은 흔한 내용이 아니다. 물론 과부의 명부에 등재될 자격으로 딤전 5:9이 제시하는 '한 남편의 아내'가 언급되기는 하지만, 이것은 초기 문헌들에서 흔히 나타나는 구절들이 아니다. 그러므로 이렇게 평행을 이루는 내용이 목회서신의 다른 구절에 나온다는 것은 상당한 의미를 갖는다고 볼 수 있으며, 이 두 구절이 동일한 관점에서 해석되어야만 한다는 것은 의심할 이유가 없을 것 같다. 물론 부부는 모두가 조력자를 필요로 한다는 식으로 가볍게 해석할 수도 있지만, 신약학자들은 이 문제에 대해서 그야말로 뜨거운 논쟁을 해오고 있다.[2]

교직자들의 결혼에 관한 그레꼬-로마적 이해

이제 학자들의 논의에서 제시된 해석을 살펴보면서 궁금증을 해결해 나가도록 하자. 위에서 지적한 것처럼, 대부분의 학자들은 '미아스 귀나이코스 아네르'가 '결혼한 신분'을 의미한다고 동의하지만, 이런 입장을 채택하는 학자들 중에도 다양한 의견이 있다.[3] 즉 다음과 같은 경력의 소유자는 교회의 지도력에서 제외되어야 한다는 것인데, 정리하면 아래와 같다.

1. 결혼하지 않은 사람(未婚, 미혼)
2. 여러 명의 아내를 둔 사람(複婚/重婚, 복혼/중혼)
3. 이혼 경력의 소유자(離婚, 이혼)
4. 처음 배우자가 사망한 후 재혼한 사람(再婚, 재혼)

본문은 이와 같은 네 경우를 분석하여, 신약학계에서 상당히 미진한 목회서신의 연구를 독려하면서 다양한 논의를 자극하는 동시에 현실의 상황에 맞는 대안을 제시하려는 목적을 갖는다. 실제로 목회서신에 대한 학문적 토론이 너무나 미비한 게 사실인데, 이런 현상은 석사 과정 학생들의 논문 작성 과정에서도 여실히 증명된다. 이러한 현실은 결코 바람직하지 않아 보인다.

성서의 모든 문서들이 동일한 하나님의 말씀임을 확신하는 한국 교회와 그곳에서 봉사할 후보생들조차 외면해 버린 목회서신을 교회 현장에서 누군들 명예롭게 다루겠는가? 실제로 유럽이나 북미주의 신학자들은 목회서신과 같은 신약성서의 주변부로 치부되는 문서들을 활발하게 연구하고 있지만, 우리의 처지는 그렇지 못하다. 목회서신에 대한 제대로 된 연구서나 안내서가 마련되지 못한 현실도 그렇거니와 목회서신을 주석적으로 분석한 논문들도 전무한 상태다.[4] 그러나 우리가 살아가는 현실은 목회서신에 대한 연구를 독려할 상황이며, 현재까지 그 중요성을 인식하지 못한 것에 대해서는 반성이 뒤따라야 한다. 당시의 문화와 관습 가운데 살았던 그리스도인들의 삶과 행동을 유추함으로써 21세기의 그리스도인들에게 바른 지도를 해 줄 수 있기 때문이다.

이런 반성과 함께 우리가 설정한 목적을 달성하기 위해서 교직자들의 결혼 문제에 대해 당시의 상황과 역사적 배경을 인지하면서 분석하려고 한다. 신약성서를 그레꼬-로마적 관점으로 읽는다는 것은 생소한 작업이 아니다. 그런데도 이와 같은 시각에서 신약 본문들을 해석하는 과정은 결코 흔하지 않은 것 같다. 위에서 언급한 것처럼, 여러 학자들이 제시한 대안들에 필자는 전적으로 만족할 수 없다. 그럼에도 그 견해를 살피는 것은 필요한 과정이라고 본다. 결론적 대안을 제시하려면 현재까지의 해석을 철저하게 비평해야 하기 때문이다. 그럼 대표적인 네 경우들을 조목조목 살피면서 필자의 논의를 진행해 보겠다.

1. 결혼하지 않은 경우

가장 우선되는 제안은 미혼자들에게는 교회의 지도력을 개방할 수 없다는 것이다. 감독, 장로, 집사가 되기 위한 조건으로 제시된 '한 아내의 남편'이 되어야 한다는 규정은 결혼하지 않은 사람을 자격 조건에 적합하지 않는 자로 판단하여 위의 직분에서 제외시켜야 한다는 주장으로, 동방 정교회도 이와 동일한 입장을 견지한다.[5] 이 해석은 '아네르'와 '귀나이코스'를 '남편'과 '아내'

로 간주한다. 그런데도 첫째 제안은 많은 지지를 얻지 못했다.[6] 이 입장에 따르면, 결혼 자체가 교회의 지도자가 되는 필수 조건이라는 말인데, 이렇게 해석하는 것은 목회서신이 결혼의 가치를 강조한다는 점을 전제한 것으로 판단된다. 또한 이 제안은 딤전 4:3에서 믿는 자들에게 결혼을 금하라고 선동하는 사람들을 '거짓 교사들'이라고 거세게 비판하는 것과 일치한다. 이에 대해서 마샬(I.H. Marshall)은 결혼을 금지하는 거짓 교사들의 주장(4:3)에 대항하기 위한 변증적인 의도로 '결혼한 남자'를 제시했을 것이라고 가정한다.[7]

그러나 여기에는 극복하기 어려운 몇 가지 문제가 있다. 첫째, 이것은 한 번도 결혼하지 않았다는 것을 의미하기보다는 '하나 이상'과 구별되는 '하나'를 지시하는 것으로 보이는 '미아스'를 정확히 해석하지 못한다는 것이다.[8] 즉 결혼 횟수에 대한 명쾌한 설명이 제시되어야 하는 한계를 안고 있다. 둘째, 딤전 5:9의 '한 남편의 아내' 역시 만족스럽게 설명하지 못하기 때문에 이 제안은 설득력이 부족하다. 이 구절을 이런 식으로 해석하는 것은 결과적으로 해결되지 않는 반복만 거듭할 뿐이다. 셋째 문제는 더욱 복잡한데, 이것은 결혼하지 않은 바울의 신분과 불일치할 뿐만 아니라 고린도전서 7장에서 계속해서 결혼하지 말고 독신을 고수하라고 가르치는 바울의 교훈과도 일치하지 않는다.[9] 또한 모든 남성들이 결혼하는 것은 당시의 관례라고 한다면, 굳이 지도자가 되는 자질에 결혼을 포함시킬 특별한 이유가 있는지 의문을 제기할 수 있다. 그렇다면 바울과 디모데는 감독의 자질에 해당되지 않는 열등한 지도자라고 말할 수 있지 않는가? 또한 딤전 3:4, 12, 딛 1:5에서 '자녀들'이라는 복수 명사가 사용된 점을 들어 교회의 지도자들은 하나 이상의 자녀를 필수적으로 두어야 한다고 주장하는 논리적 모순이 발생할 수 있다.[10] 끝으로, 신약성서의 어떤 문서도 교회의 지도자가 되기 위해서는 반드시 결혼해야 한다는 조건을 달지 않는다는 것이다. 그러므로 위에서 지적한 것과 같이, 지도자가 되기 위한 조건으로 결혼하라는 요구는 이 구절의 바른 해석으로 제시되기 어렵다.

2. 여러 명의 아내를 둔 경우

'한 아내의 남편'에 대한 둘째 해석은 복혼(複婚), 중혼(重婚) 또는 더 정확하게 말하면 동시에 일부다처제를 금지하는 것으로 이해하는 것이다.[11] 칼빈(J. Calvin)을 비롯한 과거의 주석학자들은 이 견해를 선호했던 게 사실이다.[12] 디벨리우스(M. Dibelius), 콘첼만(H. Conzelmann)도 이 주장을 옹호하고, 이스튼(B.S. Easton)[13]과 심슨(E.K. Simpson)[14]의 견해도 동일한데, 이 구절을 유대교의 입장에서 해석한 결과로 보인다. 부가적으로, 이 제안은 헬레니즘 시대의 유대인들 사이에서 행해진 일부다처제의 증거가 많기 때문에 논쟁이 가능하다.[15] 즉 쿰란 공동체에서 복혼을 금지했다는 것은 유대교에서 일부다처제가 실행되었음을 간접적으로 암시해 준다.[16] 또한 요세푸스(Josephus)는 헤롯 대왕이 아홉 명의 아내를 두었다고 언급하고,[17] 저스틴 마터(Justin Martyr) 역시 복혼, 중혼을 허락하는 유대교를 비판한다.[18] 또한 미쉬나(Mishnah)에는 많은 수의 아내를 두는 것을 암시하는 여러 구절들이 있다. 대표적인 경우들은 다음과 같다.[19] 예레미아스(J. Jeremias)의 설명은 유대교의 일부다처제 현상이 대제사장에게까지 실행되었다는 정보를 제공해 준다. 그런데도 경제적인 한계가 그것을 대폭적으로 현실화되지 못하게 막았다는 것도 더불어 알려 준다.[20]

그러나 이 해석 역시 개연성이 부족하다. 다만 1세기 유대인 사회에서 일부다처제가 행해졌을지라도, 그레꼬-로마 세계의 합법적인 결혼 형태는 일부일처제라는 점을 기억할 필요가 있다.[21] 벤 시라 37:11에서 "여성의 경쟁자에 대해서 그 여성과 상의하지 말라"고 조언하는 것에서도 확인되는 것처럼, 일부다처제의 관습은 유대인 사회에서 행해진 것이 명백하다.[22] 그런데도 일반적으로 유대인들은 거대한 사회에서 생존하기 위해 그 세계의 관습에 동화되는 경향을 견지했던 것이 사실이다.[23] 따라서 일부다처제는 그레꼬-로마 사회에서 흔히 행해진 관습이 아니었던 것으로 보이며, 기독교 공동체에서 이 문제가 중요한 이슈가 되었다는 증거도 없다. 물론 복혼, 중혼을 옹호하는 것은 아니지만, 신약성서 어디에서도 한 여성 이상을 아내로 삼는 것을 금하라고 그리스도인들에게 특별하게 명령한 사례를 찾아볼 수 없다. 결과적으로 교회의 지도자가 되는 데 보편적인 현상이 아닌 것을 굳이 금지할 필요는 없었을 것이라는 사실은 이 제안이 설득력을 확보하기 힘들게 만든다. 물론 복혼, 중혼이 성서적인 가르침이 아님은 명백하다.

3. 이혼한 경우

'한 아내의 남편'에 대한 세 번째 해석은 '이혼 경력자'를 지칭하는 것으로 해석하는 경우인데, 핸슨(A.T. Hanson)은 이 입장을 고수하는 대표적인 학자다.[24] 이것은 앞에서 토론한 두 가지의 해석보다 더 흥미를 끈다. 이 구절이 이혼 후 재혼한 사람들을 교회의 지도력에서 배제하도록 의도한 것이라면, '미아스'는 그 문제를 해결할 수 있는 잠재력을 넉넉히 가진다. 이혼에 대한 언급은 딤전 5:9에서 '과부들의 명부'에 제시된 자격 기준에서 볼 때 역시 개연성을 갖는다. 이 언급은 당시에 이혼이 보편적이었고, 신약성서가 그것을 책망하기 때문에 역사적인 배경에서 평가할 경우에도 일치한다고 볼 수 있다. 당시 사회에서 드러난 이혼의 빈도는 세네카(Seneca)의 수사적인 문장에서도 확인할 수 있다.

> 요즈음 저명한 귀부인들 중에서 자신들의 나이를 의식하며 이혼을 부끄러워하는 여자가 어디 있겠는가? 그들은 결혼하기 위해서 집을 떠나고, 이혼하기 위해서 결혼하고 있구나.[25]

기독교 역사에서 전통적인 교훈으로 강조되며, 한국 교회의 현장에서도 철저하게 실천되는 것처럼, 신약성서가 이혼을 인정하지 않는다는 것은 예수와 바울의 교훈에서 잘 드러난다(마 5:31~32; 19:3~12; 막 10:2~12; 눅 16:18; 고전 7:10~14). 이것은 지도자가 되려는 사람이 이혼 경력자라고 한다면, 그는 지도자의 조건에 맞지 않는다고 지적하는 것으로 이 구절을 해석하는 제안이다.

그러나 이 경우도 약점이 없는 것은 아니다. 우선, 결혼 생활의 위기를 제공하는 음행과 같은 아주 특별한 상황에 처한 당사자에게 이혼을 승인하는 신약성서의 논조와 일치하지 않는다.[26] 그리고 이혼에 대한 복음서의 내용은 해석하는 데 상당한 어려움이 있다. 그렇지만 마 5:32, 19:9의 예외적인 구절들은 음행한 경우에 한하여 이혼이 허락된다는 점 또한 의심의 여지가 없다. 마찬가지로 바울도 고전 7:15에서 이혼을 허락하는 것처럼 보인다.[27] 그러므로 일반적으로는 이혼에 대한 입장이 부정적이었지만, 피치 못할 경우에는 초대교회가 이혼을 허용했음을 기억하는 것이 신약성서를 해석하는 데 유익하다. 그리고 단정하기는 힘들지만, 이것은 재혼까지도 허용하는 것으로 해석할 수 있다. 왜냐하면 유대교에서 이혼은 '재혼할 수 있는 권리'를 의미했으며, 마태복음서와 고린도전서도 이와 같은 뉘앙스를 함축하는 것으로 볼 수 있기 때문이다.[28]

이혼으로 해석할 때 야기되는 두 번째 문제는 이혼이 교회 지도자가 되는 자격 목록에 분명히 기록되어 있지 않을 뿐만 아니라 목회서신의 어느 곳에서도 언급되지 않는다는 점이다. 그러므로 이 구절이 제시하듯이, '한 아내의 남편'이라는 표현이 오직 한 여성과의 관계에 제한된 남성을 의미하는 것으로 해석할 수 있을 것이다. 또한 과거보다는 현재 상태를 지시하는 것으로 이 구절을 해석할 때 훨씬 더 설득력이 있어 보인다. 즉 배우자의 사망으로 재혼한 것을 의미하며, 이 견해는 우리를 마지막 토론으로 안내한다.

4. 배우자 사망 후 재혼한 경우

스피크(C. Spicq)와 버너(D.C. Verner)를 포함하는 목회서신을 연구하는 학자들은 '한 아내의 남편'이라는 조건이 이혼뿐 아니라 배우자가 죽은 후 재혼한 사람들에게 교회의 지도력을 맡길 수 없기에 그들을 배제하려는 의도가 깔려 있다는 입장을 고수한다.[29] 이 견해는 많은 장점을 가지고 있고 현재 가장 권위있는 영역본 신 개정 표준판(New Revised Standard Version)도 '단 한 번 결혼한'(married only once)으로 이 구절을 읽는다. 우선, 이렇게 해석하는 것은 딤전 5:9에 있는 '한 남편의 아내'의 해석을 용이하게 한다. 이와 더불어 배우자가 사망한 후 두 번째로 결혼을 약속한 여성은 과부들의 명부에 등재될 수 없었다는 점도 세심하게 고려해야 한다. 둘째로, 이 입장은 성서적인 전거에 의해서 옹호된다. 이혼녀, 과부 그리고 창녀와 같은 여성들은 구약성서에 나오는 제사장과 결혼하는 것이 금지되었다.³⁰ 레 21:13~15에 따르면, 구약의 제사장들은 숫처녀와 결혼해야 하고, 특히 과부나 이혼한 여성들과의 결혼은 금지되었다.

셋째로, 배우자가 사망한 이후 재혼을 삼가는 것을 덕으로 보는 후기 유대교와 초기 기독교의 증거가 있다. 외경의 유딧서 16:22에서 유딧은 남편이 사망한 후, 많은 청혼자들이 있을지라도, 재혼하지 않고 그대로 지내는 것을 장려한다. 또한 눅 2:36~37의 안나의 경우에서 볼 수 있듯이, 과부로 오랫동안 지낸 것이 그녀를 경건의 모범으로 제시하는 근거가 된다.³¹ 일반적으로 그레꼬-로마 사회는 재혼하지 않고 과부로 지내는 여성들을 존경했다. 이것은 고대의 비문에서 그들을 '몬안드로스'와 '우니비라'라는 용어로 칭송했다는 증거만으로도 충분히 입증된다.³²

넷째로, 이 문제는 논쟁의 중심으로 부상할 수 있을 것으로 보이는데, 만일 목회서신이 재혼을 인정하지 않는다면, 목회서신은 바울에게서 교부 시대로 점차 증대해 가는 금욕주의의 전통과 아주 잘 들어맞는다는 것이다.³³ 금욕주의의 근거는 "나는 모든 남자들이 나와 같이 되기를 바란다"(고전 7:8)고 언급한 바울의 입장과 과부들이 재혼을 해야만 하느냐고 묻는 물음에 "내 뜻에는 그냥 지내는 것이 더욱 복이 있으리로다. 나도 또한 하나님의 영을 받은 줄로 생각하노라"(고전 7:40)고 답변하는 곳에서 찾을 수 있다.³⁴ 물론 바울은 여기서 미래 교회의 직제 문제에 대해서는 고려하지 않았을 것이다.³⁵ 또한 베메쉬(G. Vermes)는 예수가 홀로 활동한 것을 그가 예언자로서 독신 생활을 실천한 것으로 해석한다.³⁶ 후기의 저자들은 금욕적인 모티브를 선택해서 그것을 보다 더 발전시켰는데, 이러한 경향은 2세기 중엽에 기록된 '헤르마스의 목자'(Shepherd of Hermas)의 초반부에서 확인할 수 있다.³⁷

아테나고라스(Athenagoras),³⁸ 알렉산드리아의 클레멘트(Clement of Alexandria),³⁹ 터툴리안(Tertullian)은⁴⁰ 이 구절이 재혼 금지를 선호하고 있다고 해석하는 것이 옳다고 이해한다. 이들 대부분은 이 구절이 특히 교회의 지도자들에게 중요하다고 제안한다. 예를 들어, 터툴리안은 교회의 지도자가 재혼하면 하나님의 제단(祭壇)을 정결하게 보존할 수 없다고 강조하면서, 재혼에 대해서 부정적인 입장을 분명히 확인해 준다.[41]

이것은 '한 아내의 남편'이 재혼한 사람들을 교회의 지도력에서 배제하려는 의도를 가지고 있다는 것을 설명하기 위한 좋은 예다. 그들이 재혼한 것을 문제 삼는 것은 그들의 첫 결혼이 끝나게 된 배경과는 아무 상관이 없는 것 같다.

그러나 우리는 여기서 위의 해석들이 과연 성서적인 정당성을 확보할 수 있는지에 대해서 문제를 제기할 수 있다. 무엇보다 먼저 딤전 5:9이 재혼하지 않은 과부들을 언급하는 것처럼 보인다 할지라도, 이 해석은 타당성이 적어 보인다. 왜냐하면 이것은 "그래서 내가 젊은 과부들이 결혼하는 것을 권한다"고 말하는 딤전 5:14의 언급과 일관성을 유지할 수 없기 때문이다.[42]

둘째로, 구약성서의 제사장 직무에 대한 언급이 구약성서와 신약성서의 상관성에 의문을 제기한다. 그 이유는 교회의 지도력이 구약의 제사장 제도를 모방할 전형으로 삼지 않았을 뿐 아니라, 교회의 지도자들에게 재혼이 불허되었다는 언급이 신약성서 어디에도 없기 때문이다.

셋째로, 재혼을 삼가는 것이 고대 시대에 칭송할 것으로 간주되었다는 여러 증거가 있더라도, 이 증거는 철저히 분석되어야 한다. '우니비라'라는 용어가 '재혼하지 않은 과부들'을 지칭하는 것으로는 오직 그리스도인들의 묘비에서만 발견된다고 라잇맨(M. Lightman)과 자이젤(W. Zeisel)이 지적한다.[43] 기독교 이전 시기의 비문에서는 이 용어가 단 한 번 결혼하고 그들의 남편들이 먼저 죽은 여성들을 지시하는 것으로 사용된다.[44]

기독교의 금욕주의가 영향력을 발휘하기 전에, 그레꼬-로마 사회의 과부들은 일반적으로 재혼하는 분위기였다. 실제로 아우구스투스(Augustus)는 50세 이하의 과부들에게 그들이 남편과 사별한 후 2년 안에 재혼을 의무화하는 법령을 C.E. 9년에 발표했다.[45] 물론 모든 여성들이 이 법률을 준수하지는 않았다 할지라도, 1세기에 로마 제국의 법적인 신분을 지적해 준다.[46] 헬라의 여성들 역시 재혼에 대한 강한 집념을 가지고 있었다. 그 이유는 과부로 지내는 것 자체가 헬라인들에게는 어긋나는 생각이었기 때문이다.[47] 분명히 이방 세계의 사람들은 과부로 지내는 것을 덕 있는 행동으로 고려하지 않았지만, 후에 그리스도인들은 그것을 '덕 있는 행동'으로 간주했던 게 분명하다.[48] 그러나 그레꼬-로마 사회의 전반적인 분위기는 재혼을 수치스런 행위로 판단하지 않았다.

넷째로, 재혼할 여성들의 아버지들이 재혼에 대해서 부정적이라 할지라도, 금욕주의에 편향된 관점을 가지고 본문을 해석하는 것은 합당하지 않다. 고전 7:8, 40에 언급된 바울의 금욕주의는 9절과 39절에서 과부들이 재혼하는 데 아무 문제가 없다는 진술에 의해서 아무런 힘을 발휘하지 못한다.[49] 롬 7:2~3과 딤전 5:14(cf. 마22:23~33; 막12:18~27; 눅20:27~40)은 배우자가 죽은 후 재혼하는 것을 인정한다. 그러므로 신약성서 어디에도 그리스도인들, 특히 교회 지도자들의 재혼에 대한 명백한 금지 조항이 없다는 것은 타당한 해석으로 보인다.[50]

동시에 '한 아내의 남편'을 배우자가 죽은 후 재혼하는 것을 금지하는 것과 관련되는 것으로 이해하는 데는 몇 가지의 문제가 더 있다. 첫째는 목회서신에서 전반적으로 드러나는 반금욕적인 논조와 모순된다는 점이다. 딤전 4:1~5에는 결혼을 무시하는 금욕주의에 반대하는 뚜렷한 암시가 있다. 또한 자녀를 가지고 건강한 가족 관계를 유지하도록 장려하는 긍정적인 강조가 딤전 2:15; 5:9~10, 14; 딛 2:4~5에서 드러난다. 그러므로 목회서신의 저자가 재혼을 의심하는 전제를 가지고 있다고 보기는 힘들 것이다.

둘째는 재혼에 대한 해석이 신앙 공동체의 다른 구성원들보다는 교회 지도자들에게 해당되는 높은 기대치라는 점이다. 이것은 지도자가 되는 조건을 나열하는 목록에 들어 있는 다른 요소들이 일반적으로 모든 그리스도인들이 일상생활에서 실천해야 할 덕 있는 행동을 지시하기 때문에 해석의 문제가 제기될 수 있다. 그러나 여기서 강조하는 것은 특수한 경우보다는 보편적인 이해를 위한 것임은 두말할 필요도 없을 뿐 아니라 그리스도인들의 가정생활을 위해서 가장 바람직한 지침을 제시하는 것이 본문의 목적이기도 하다. 그러므로 특별한 경우에 이혼이 가능하고, 그 결과 재혼이 가능하다 해도, 그것이 우리가 토론하는 구절의 본질적인 관심은 아닐 것이라는 점이다.

목회서신과 그레꼬-로마 사회의 결혼에 대한 입장

이제 어떤 입장에서 목회서신의 신학적 견해를 정리할 수 있을지 본격적으로 토론해 보자. 지금까지 논의한 네 가지 논쟁점들이 모두 타당성을 확보하는 데 약점들을 내포하고 있는 것으로 평가한다면, 우리가 어떤 입장을 견지해야 할지 매우 난처해진다. 위에서 논의한 입장과는 다르게, 우리가 제시할 수 있는 가장 바람직한 대안은 이 구절이 오직 한 아내에게만 충실하게 행동하라는 것이다.[51] 타우너(P.H. Towner)는 다른 견해들보다 현재의 결혼 생활에 충실하라는 해석을 더 개연성 있는 제안으로 제시한다. 왜냐하면 이 구절이 무엇을 금지하는 뉘앙스라기보다는 긍정적인 측면을 암시하기 때문이다.[52] 이와 같은 입장은 마샬(I.H. Marshall)에게서도 확인되는데, '한 아내의 남편'이 의미하는 것은 승인되지 않은 결혼 형태를 거부한다기보다는 결혼 생활에 충실하도록 강조하는 긍정적인 입장을 드러낸다는 것이다.[53] 앞에서 언급한 바와 같이, 영국의 복음주의 신학자들이 해석한 뉴 잉글리시 바이블(NEB)의 번역은 이런 입장을 대변하는 것으로 평가된다. 교부 시대에도 몹수에스티아의 테오도레(Theodore of Mopsuestia)는 '한 아내의 남편'이 "한 여성과 결혼하고, 그녀와 신중하게 생활하고, 그녀를 잘 다스리고, 자연의 욕망을 그녀에게 돌리는 사람"을 의미한다고 해석했다.[54] 이런 관점에서 볼 때, 이 구절은 과거에 발생한 어떤 일의 결과를 설명하기 위한 것이라기보다는 현재 결혼 생활에서 나타내야 할 도덕적 자질을 암시하는 것으로 판단된다. 역시 중도적인 입장에 서 있는 신약학자 피(G.D. Fee)도 이 견해에 동의하면서 충실하게 결혼 생활을 하는 것이 중요함을 강조한다. 즉 일부다처, 이혼 그리고 재혼은 당연히 제외되어야 한다고 지적한다.[55] 이 경향이 한국 교회가 선호하는 신학적인 입장과 일치하는 것 같지만, 앞서 지적한 바와 같이, 과부들이 재혼하는 것에 대해서 무조건 반대하는 입장은 건전한 해석으로 보이지 않는다.

1. 목회서신과 그레꼬-로마 사회의 일치된 입장

우리가 제안한 '현재의 결혼 생활에 대하여 충실하라'는 해석이 타당성을 갖는 근거는 목회서신의 맥락과 일치한다는 것이다. 또한 우리가 주목하는 '한 아내의 남편'이라는 구절은 여러 곳에서 다른 단어들과 함께 언급되는데, 각 경우는 공동체 내부와 외부 사람들에게 하나의 모범으로 제시되는 행동을 지시하는 용어와 함께 나온다. 예를 들면, 딤전 3:2에서는 '책망할 것이 없음'을 의미하는 '아네필렘프톤', 3:8에서는 '신중함'을 뜻하는 '셈누스', 딛 1:6에서 '책망할 것이 없는'을 의미하는 '아넹클레토스'라는 형용사가 그 구절을 설명해 준다. 이것이 강조하는 내용은 오늘날 한국 교회의 지도자들에게도 동일하게 요청되는 중요한 덕목임이 분명하다. 디모데전서 3장과 디도서 1장에서 이렇게 도덕성의 기치를 높이 드는 이유는 어디에 있겠는가? 그것은 고도의 도덕적인 기준에 부합하는 교회 지도자들이 교회 내부에서 뿐만 아니라 외부 세계에서도 존경의 대상이 되기 때문이다. 또한 지도자들이 존경받지 못하면 교회는 선교를 비롯한 여러 상황에서 벌어지는 위기를 목도할 것이기에 특히 이 점을 강조했을 법하다.[56] 디벨리우스와 콘첼만은 이런 차원에서 '목회서신의 윤리'를 '부르주아적 윤리'라고 지적한 것으로 이해된다.[57] 즉 결혼에 충실하라는 해석은 기독교 내부와 외부 사회의 기대치에 잘 조화되는 해석으로 보인다. 월리스(R. Wallis)가 지적하는 것처럼, 종교 그룹들은 세계를 인정하든지, 세계에 동화되든지 아니면 세계를 거부하는 형태로 나타나는데,[58] 목회서신의 논조는 세계 질서에 동화되는 입장을 견지하는 모습을 갖는다.

이것은 교회의 지도자가 되기를 희구하는 사람들은 '한 아내의 남편'이어야 하고 그 결혼이 다른 이들에게 하나의 모범적인 사례로 칭송 받아야 한다는 것을 의미한다. 주석학자들은 대개 자격 조건을 나열하는 목록에는 이런 특징이 거의 없다고 제안하면서, 이것이 오히려 헬라의 도덕 철학자들의 이상에 일반적으로 상응하는 것이라고 주장한다.[59] 이 주장은 신약성서와 성서 이외의 문학에 나오는 목록들을 비교할 때 확연히 드러난다. 그 가운데서 가장 적절하게 비교할 수 있는 사례는 군대의 지도자들의 자격 조건을 제시하는 오노산더(Onosander)와 의사의 자격 조건을 언급하는 리바니우스(Libanius)의 경우다.[60] 이런 문학적인 평행에서 볼 때, 신약성서의 자격 조건에 대한 목록은 도덕에 관한 일반 개념을 표현하는 완성된 형태에 기초하는 것으로 평가된다. 만약 이 관점이 정확하다면, 결혼 생활에 충실하라는 해석을 주장할 수 있는 하나의 동기를 제공한다. 결혼에 대한 강조가 비그리스도인들에게 덕 있는 행동으로 드러난다면, 재혼에 대한 절제보다는 결혼 생활의 충실함을 지시하는 것이 더 개연성이 있다고 평가할 수 있다. 그 이유는 앞에서도 지적한 대로, 그레꼬-로마 사회도 재혼을 인정했기 때문이다.

또한 본문의 맥락에서 볼 때, '한 아내의 남편'을 자기 아내에게 충실하라고 해석하는 것은 목회서신의 전체 맥락에도 일치한다.[61] 첫째, 이 해석은 딤전 5:9의 '한 남편의 아내'에 대한 적절한 해석이 가능하도록 돕는다. 과부의 명부에 등재될 후보들은 그들이 남편에게 충실한 여성으로-물론 그것을 확인하는 문제는 별개로 치더라도-알려진 사람들로 제한된다는 것은 매우 신빙성이 높다. 둘째, 근본적으로 결혼이 갖는 선함은 딤전 4:3~5에서 확인되고, 책임 있는 가정생활에 대해서는 딤전 3:4, 12; 5:4~16; 딛 1:6; 2:4~5에서 강조된다. 딛 2:4~5은 아주 흥미 있는 것으로, 늙은 여성들은 젊은 여성들에게 "그 남편과 자녀를 사랑하며 근신하며 순전하며 집안일을 하며 선하며 자기 남편에게 복종"하라고 가르쳐야만 한다. '한 아내의 남편'을 우리가 현재의 결혼 생활에 충실하라는 교훈으로 해석한다면, 디도서의 교훈과도 잘 짜여진 평행을 이루는 것으로 평가할 수 있다. 셋째, 목회서신은 또한 자기 절제를 강조하는데, 딤전 1:10; 3:2; 4:12; 5:2, 22; 딛 1:8; 2:1, 5, 6, 12; 3:3에서 부도덕한 성적 행위를 경고한다. 교회 지도자들이 자기 아내들에게 충실한 존재가 되어야 한다는 개념은 이러한 강조와 일치한다. 반대로, 이혼은 목회서신에서 언급되지는 않지만, 젊은 과부들에게 재혼하도록 충고하는 딤전 5:11~15에서 한 번 언급된다. 넷째, 교회에 대하여 비그리스도인들이 평가하는 것에 예민한 관심이 목회서신에 농후하게 퍼져 있다.[62] 이러한 입장에서 볼 때, 기독교 공동체는 비그리스도인들이 정당하다고 판단하는 것에 자연스럽게 순응하는 결혼 생활을 하도록 교회 지도자들에게 촉구한다고 이해할 만하다.

2. 신약성서와 그레꼬-로마 세계의 증거들

관심을 목회서신에서 신약성서 전체 문서로 확대하면, 결혼 생활에 충실하라는 해석이 더 지지를 얻을 수 있다. 신약성서는 결혼이 일평생 일부일처의 사랑의 결합이라고 가르친다(막10:6~9). 고전 7:2에서 바울은 "음행의 연고로 남자마다 자기 아내를 두고 여자마다 자기 남편을 두라"고 가르치고, 3~5절에서 그는 부부간의 성적인 책임을 다하라고 권면한다. 이러한 부부간의 책임은 에베소서(5:22~33), 골로새서(3:18~19), 디도서(2:4~5), 베드로전서(3:1~7)에 흔하게 나오는 주제기도 하다. 간음, 동성애, 창녀와 사귀는 것과 같은 결혼 이외의 성적인 행위는 신약성서 전체를 통해 비난을 받는다(롬 13:13; 고전 5:1~5, 9~11; 6:9~11; 고후 12:21; 갈 5:19; 엡 5:3~7; 골 3:5; 살전 4:3~7; 딤전 1:10; 히 13:4; 벧전 4:3~6; 벧후 2:12~14; 계 9:21; 21:8; 22:15). 이와 같이 신약성서의 결혼과 성 윤리가 제공하는 바에 따르면, 교회 지도자들은 자기 아내들에게 충실해야 한다. 그런데도, 신약성서의 일반적인 교훈이 재혼에 난색을 표명하는 것으로 나타나지는 않는다.

이와 같이 본문의 맥락에서도 결혼 생활에 충실하라는 해석은 긍정적인 호응을 얻지만, 동시에 역사적인 배경에서도 일치한다. 결혼 생활의 충실함에 대한 목회서신의 강조가, 교회가 한 부분을 이루는 거대한 사회의 관점에서도 책망할 것이 없는 지도자에 대해서 관심을 갖는 것은 당연해 보인다.[63] 목회서신이 부도덕한 생활을 특별히 거론하지 않았다 하더라도, 본문에서 결혼 생활에 충실하라는 강조는 그레꼬-로마 세계에서도 하나의 유사한 개념이었다. 아우구스투스 황제는 B.C.E. 18년에 간음을 불법으로 규정하는 법령을 공포했다.[64] 이렇게 해서 아우구스투스 황제는 로마 제국의 도덕을 세우는 십자군으로 그의 위신을 세울 수 있었을 뿐 아니라 이혼을 공식화할 수 있었다.[65] 이처럼 어떤 남편이 자기 아내가 다른 남자와 함께 하는 것을 목격한다면, 그는 그녀에게 이혼을 요구하며, 고소할 수 있다. 그리고 어느 여성이라도 자기 남편이 간음하는 것을 발견한다면, 고소는 할 수 없더라도 그녀 역시 이혼을 요구할 수 있는 권리를 가졌다.[66] 아우구스투스의 법령이 남성과 여성에게 이중적인 판단 기준을 적용하기 때문에 결혼 생활에 충실하라고 강조하는 기독교의 기준에 상응하지는 못하지만, 당시 결혼 생활에 신실하라는 교훈을 확인할 수 있는 가치 있는 사례임은 명백하다.[67]

결혼 생활에 충실하라는 개념은 또한 고대의 결혼 계약과 헬라의 도덕 철학자들의 문헌에도 나타난다. B.C.E. 92년의 한 결혼 계약서에는 이렇게 기록되어 있다.

> 필리스쿠스가 아폴로니아 이외의 다른 아내를 데려오는 것은 불법이고, 첩이나 소년을 갖지 말고, 아폴로니아가 살아 있는 동안에는 다른 여성이 낳은 자녀를 갖지 말라.[68]

1세기 도덕 철학자들의 사상을 반영하는 스토아 학자 무소니우스 루푸스(Musonius Rufus)는 당시의 결혼 생활의 철저함에 대해서 이렇게 기록한다.

> 결혼 생활에서 순결을 유지하는 것은 여성에게 권리로 인식되었고, 이것은 남성에게도 마찬가지였다. 결국 법은 간음을 하면 간음에 해당하는 동일한 형벌로 판결한다.[69]

이처럼 그레꼬-로마 사회가 결혼 생활에 충실하라는 개념을 알고 있다는 증거가 확인된 셈이다. 초대 교회가 이 이상(理想)에 맞는 사람들을 지도자들로 선택했다면, 당시의 세계에서 교회가 존경을 누릴 수 있었을 것은 당연했을 것이다. 반대로, 지도자들이 이 가치를 충족시키지 못한다면 교회에 당황스런 결과를 초래할 수 있었을 테고, 선교 활동에도 막대한 피해가 되었을 것은 불을 보듯 뻔한 결과다. 이러한 그레꼬-로마의 사회, 역사적인 맥락에서 볼 때 교회의 지도자들에게 충실한 결혼 생활을 요구하는 것은 아주 적절해 보인다.

'한 아내의 남편'을 그의 아내에게 충실한 남편으로 해석한 것은 문학적이고 역사적인 맥락 모두에 상응하는 것으로 판단된다. 실제로, 앞에서 제시한 여러 해석들과 비교해 볼 때도, 두 배경에 모두 일치한다. 그런데도 우리는 현실적으로 가장 가능성 있는 대안을 한국 교회에 제시해야 할 것이다. 이혼이나 배우자가 사망한 이후 무조건적으로 재혼하는 것을 동의할 경우 문제가 생길 수 있으며, 교회 내부에 심각한 상황이 전개될 수도 있다. 그러므로 가장 성서적이면서도 현실 교회에 유익한 해석을 찾아내야 한다.

음행과 같은 부득이한 문제가 초래한 이혼을 어떻게 해석할 것인가? 이 문제는 예수(마 5:32; 19:9)와 바울(고전 7:15)의 가르침대로 적용하면 아무 문제가 되지 않는다. 이 경우에 재혼은 법적으로 아무런 문제가 없다고 판단해도 무방할 것 같다. 그러므로 신약성서가 재혼을 무조건 반대하지 않는다면, 이혼 문제에 대하여 철저한 분석을 거치지 않고 거부하는 교회의 어정쩡한 입장을 언제까지 고수할 것인지 신중히 고려해야 하고, 신학자들과 목회자들의 합의를 거쳐서 타당한 대안을 도출해 내는 것이 바람직하다고 본다.

그러나 문제는 여전히 남아 있다. 특히 보수적인 입장을 고수하는 교회와 목회자들은 지금까지 아무 문제없이 가르쳐 왔는데 이제 와서 왜 문제를 삼느냐고 반문하면서 논의 자체를 거부하는 입장을 고수할지도 모른다. 그러나 목회 현장이 그렇게 낙관적으로 바라볼 수 있는 안락한 장소만은 아니라는 사실을 주목해야 한다. 그렇지 못할 경우 한국 교회의 신학적인 토론의 결여로 상상하지 못할 피해를 볼지도 모를 일이다. 이러한 현실적인 인식을 신학을 연구하는 이들은 심각하게 고려하고 성서적으로 철저하게 조명해서 부담스런 문제를 해결할 수 있는 바른 대안을 내놓아야 한다. 위와 같은 문제를 해결할 수 있다면, 우리의 논의 자체가 한국 교회의 미래 목회를 위해서도 유익한 방향을 제시할 수 있을 것이다.

나오는 글

지금까지 한국의 현실 상황에서 내놓고 논의하기 어려운 문제에 대해서 다루었다. 이것만으로도 본문의 논의는 나름대로 의미를 갖는다고 평가할 수 있을 것이다. 그러나 해결하지 못한 문제들도 너무 많다. 집중적으로 탐구한 '한 아내의 남편'이라는 구절이 갖는 복합성도 복합성이려니와 그와 같은 구절이 신약성서의 다른 곳에서는 발견되지 않기 때문에 해석하는 데 많은 어려움이 있다는 것은 본문 전체를 통해 확인할 수 있었다. 그 결과 이미 다루었던 것처럼 다양한 제안이 제시될 수밖에 없었다.

논의한 내용들을 간략하게 정리하면서 본문의 결론을 삼고자 한다. 우선 결혼하지 않은 사람을 교회 지도자의 후보에서 제외시켜야 한다는 해석은 무리가 있어 보인다. 왜냐하면 이미 바울 같은 선교사는 복음의 사도로서 엄청난 업적을 남겼을 뿐 아니라 신약성서 어디에도 그런 제한 조건이 없기 때문이다. 또한 복혼, 중혼한 사람들은 지도자가 되는 데 많은 문제가 있다고 보는 해석이 제시되었는데, 이것 역시 당시의 문화적인 상황에서 볼 때 타당성이 부족하다고 결론을 내릴 수 있다. 왜냐하면 그레꼬-로마 사회에 존재하는 교회의 지도력에 합당한 자격으로 그 사회에서 문제 삼지 않는 이슈가 끼어들 리는 만무하기 때문이다. 즉 일부일처제의 배경이 그 제안의 개연성에 타격이 된다는 것이다.

다음의 제안은 이혼한 사람은 지도자가 될 수 없다는 것이다. '한 아내의 남편'을 지칭할 때 쓰인 '미아스'나 여러 문헌들의 증거로 볼 때 이 제안은 타당성을 갖기에 충분하다. 그런데도 간음을 의미하는 음행 같은 특수한 경우에 이혼이 허락되었고, 또한 신약성서 어디에서도 이혼 경력자를 지도자가 되는 데 부적합한 자로 거론하지 않는다는 점이 하나의 약점으로 남는다. 그렇더라도 여기서 당연히 지적해야 할 것은 이혼이 신약성서의 장려 사항은 아니라는 점이다.

마지막 제안은 배우자가 사망한 뒤 재혼한 사람을 지도자의 자격에서 배제하는 경우인데, 우선적으로 신 개정 표준판(NRSV)이 '단 한 번 결혼한' 사람으로 번역한 것에서 후원을 받는 강력한 제안이기도 하다. 또한 그레꼬-로마 사회에서 재혼을 삼가는 것이 명예로운 상징이었기 때문에 이렇게 제안하는 것에 상당한 의미를 발견할 수 있다. 그러나 딤전 5:14에서 젊은 과부들의 재혼을 추천할 뿐 아니라 아우구스투스의 법령이 재혼을 법으로 규정하는 것도 이 제안의 한계를 지적한다. 그런가 하면 목회서신의 반금욕적인 태도 역시 반드시 지적할 사항이다.

그러므로 그레꼬-로마적인 관점에서 '한 아내의 남편'이라는 구절에 대한 가장 타당한 해석은 결혼 생활에 충실하라는 것으로 제안한다. 왜냐하면 마샬도 지적했듯이, 이것이 의미하는 것은 어떤 특수한 것에 대한 반대 입장보다는 결혼 생활에 충실하는 것을 강조하는 입장을 띠기 때문이다.[70] 그러므로 신 개정 표준판(NRSV)의 '단 한 번 결혼한'이라는 번역보다는 뉴 잉글리시 바이블의 '그의 한 아내에게 충실한'으로 번역하는 것이 '한 아내의 남편'이 지시하는 가장 개연성 있는 읽기라고 평가할 수 있다. 현대 교회에서도 결혼과 관련되는 수많은 문제들이 파생하는데 결혼 생활에 충실하라는 강조는 현실적인 대안으로 꼽을 수 있다.

그러나 필자의 논의가 마무리하지 못한 문제들도 많다. 특히 이혼 문제에 대해서는 보다 철저한 분석이 뒤따라야 한다. 현대 사회의 특징 가운데 하나가 이혼이라고 말할 정도로 광범위하게 행해지는 현실을 그냥 도외시한다는 것은 성서학 분야에서 숙고할 문제임이 분명하기 때문이다. 이와 더불어 현대 교회에서 가장 뜨거운 논쟁거리로 부상한 동성애(homosexuality) 문제 역시 본문에 대한 철저한 주석적인 분석과 더불어 적용성 있는 대안을 제시해야 한다.[71] 이러한 작업을 게을리할 경우 한국 교회와 성서 연구자들은 그에 대한 비난을 면치 못할 것이고, 궁극적으로는 교회에 막대한 피해를 입힐 것이다.

신학을 연구하고 성서를 분석하는 일의 의미가 무엇인가? 결과적으로는 현실에 대한 적절한 방향 제시를 위한 것이 아닌가? 그런 만큼 이런 이슈들에 우리는 최선으로 다가서야 할 것이다.

II. 본문연구

1. 딤전 1~2장 : 믿음으로 선한 싸움을 싸워 구원을 얻으라 | 김도일
2. 딤전 3~4장 : 교회 지도자의 자질과 훈련 | 조기연
3. 딤전 5~6장 : 너, 하나님의 사람아! | 김금용
4. 딤후 1:1~3:9 : 일꾼의 삶의 방식 | 김덕수
5. 딤후 3:10~4:22 : 의의 면류관을 향한 선한 믿음의 경주자 바울 | 류호성
6. 디모데전후서 참고 문헌 | 편집부

01

믿음으로 선한 싸움을 싸워 구원을 얻으라

디모데전서 1~2장 주해와 적용

디모데전서 1장

1. 자신의 일에 대한 건강한 정체성 형성의 중요성

디모데전서[1] 1:1~2에서 "예수의 사도 된 바울은 믿음 안에서 참 아들 된 디모데에게"라는 표현은 우리에게 중요한 진리를 가르쳐 준다. 이것은 바울이 다른 사도들보다 비교적 늦게 사도가 되었지만, 자신은 사도라는 신분으로 이 편지를 쓰고 있음을 강하게 표현한 것이다. 바울의 이런 표현은 우리에게 '정체성'의 중요성에 대해 일깨워 준다. 즉 자신의 직분을 아는 것은 다른 이의 사역자 됨을 인식하는 데 필수적인 요소라는 사실이다.

바울은 자신의 직분을 정확히 파악하고 있었기 때문에 자신이 아닌 다른 사람들도 부르시는 하나님의 역사를 인정한다. 그가 디모데를 '믿음 안에서 참 아들'이라고 부르는 것이 바로 그 점을 시사해 준다. 바울은 믿음 안에 있는 디모데를 개인적으로 알았지만 하나님 앞에서는 동역자로 인정한다. 이것이 바울이 품은 '사도적이고 개인적인' 인식의 균형 감각이다. 그는 일과 사람을 뒤섞어 생각하지 않았다. 사랑하는 아들 디모데를 자신이 보살폈던 어린 아이로 여기지 않고 믿음 안에서 '하나님의 경륜'대로 부르심을 받은 한 인격자요 사역자로 여겼다.

2. 목회자가 마음에 새겨야 할 좌우명

디모데전서 1:5의 "청결한 마음과 선한 양심과 거짓이 없는 믿음에서 나는 사랑"이 경계의 목적이라는 말씀은 모든 목회자들에게 영원한 좌우명이 되어야 한다. 청결한 마음은 깨끗한 마음 상태를 뜻한다. 욕심이 없고 맑은 마음이야말로 목회자들이 꼭 품어야 하는 것이다. 자칫 악해지기 쉬운 오늘날의 목회자들이 추구해야 하는 것이 바로 선한 양심이다. 지난 1980년대 엘리스 넬슨이라는 기독교 교육학자는 인간의 모든 내면 상태를 연구해 보면 결국 양심에 귀결된다고 말했다. 이 말은 양심의 상태에 따라 교육이 잘 되었는지 아닌지 판단할 수 있다는 뜻이다.

선한 양심은 사람을 살리고 격려하며 용기를 불어넣어 주는 것이라고 생각한다. 거짓이 없는 믿음을 추구하라는 말은 거짓된 믿음의 소유자들이 있다는 것을 암시한다. 믿음이야말로 사람이 함부로 판단할 수 없는 것이지만, 때로 자기 중심적 믿음과 자기 소욕을 좇는 믿음도 있음을 기억해야 한다. 믿음처럼 주관적인 잣대로 판단하기 쉬운 것도 없기에 목회자는 균형 잡힌 믿음, 거짓 없는 믿음을 소유하기 위해 최선을 다해야 한다.

3. 자신의 부족함을 철저히 인정해야 은혜가 넘친다

"내가 죄인 중의 괴수니라"(딤전 1:15)고 고백한 바울의 죄에 대한 철저한 뉘우침과 인식은 과연 어떤 시각에서 이해해야 하는가? 그의 인식은 14절 말씀과 연관이 있다. "우리 주의 은혜가 그리스도 예수 안에 있는 믿음과 사랑과 함께 넘치도록 풍성하였도다"라고 선언하는 그의 내면은 하나님께 아무것도 내놓을 것이 없다는 철저한 회개가 있었기에 가능했다. 한때 훼방자, 핍박자, 포행자였던 그가 주님의 사도로 변신한 것은 주님의 은혜가 아니면 불가능했음을 고백한 것이다.

여기서 주의해야 할 것이 있다. 죄에 대한 철저한 인식과 회개는 필수적이지만, 죄의식을 가져선 안 된다는 것이다. 쓸데없이 죄의식에 빠져 자신을 수렁으로 몰고 가는 것은 하나님이 원하시는 바가 아니다. '철저하게 죄를 인정하고 회개하라. 그러나 변화된 자신의 모습을 확인하고 오직 주 예수 그리스도의 은혜 안에 거하라!' 이것이 우리를 향하신 하나님의 뜻이라고 확신한다.

4. 선한 싸움은 우리를 향하신 하나님의 명령

디모데전서 1:18~19의 말씀은 주님의 모든 종들에게 주시는 하나님의 명령이다. 선한 싸움을 싸우며 믿음과 착한 양심을 가지라고 한다. 여기서 이해는 되지만 충분히 납득할 수 없는 어려운 말이 있다. "선한 싸움을 위해 믿음을 가지라"는 말은 지극히 당연하다. 그렇다면 선한 싸움이란 무엇인가? 이는 예수 그리스도의 사심과 죽으심 그리고 부활하심을 중심으로 한 복음을 전하는 싸움을 말한다. 또 성령님의 내주하심과 충만케 하시는 복을 따라 악한 사탄과 대적하는 싸움을 말한다. 따라서 믿음을 가지라는 말에 대해 추호의 의심을 가질 필요도 없다.

그런데 왜 착한 양심이라고 할까? 믿음과 양심적인 삶은 어떤 관계가 있을까? '믿음과 도덕'은 불가분의 관계가 있다고 강병도는 말한다. 양심이 무너지면 믿음 생활 전체가 큰 타격을 받는다는 뜻이다. 그러므로 믿음이 있다고 하면서 자신이 가진 신앙적 자유를 마치 '마스터 키'를 사용하듯이 어떤 도덕적 벽마저 넘으려는 시도는 매우 위험한 것이다. 믿음과 도덕은 동전의 양면과 같다. 따라서 어느 한 가지도 무시할 수 없고 무시해서도 안 된다.

이것이 바로 19절에서 바울이 말한 선한 싸움에 관한 내용이다. 또한 인생을 항해에 비유한 것은 매우 흥미로운데, '파선하다'는 동사가 그것이다. 만약 목회자가 큰 바다를 항해하는 배의 선장이 되려면 믿음과 착한 양심을 잘 지켜 선한 싸움을 승리로 이끄는 지도자가 되어야 한다.

디모데전서 2장

1. 사도의 본을 보인 바울

디모데전서 1장에서 바울은 사도로서 정체성을 확립하고 영적 싸움을 싸워야 할 것을 밝혔다. 그리고 2장에 들어오면서 믿음생활을 위한 구체적인 내용을 전한다. 이것은 실로 대중기도의 본질과 범위로 볼 수 있다. 즉 간구와 기도와 도고와 감사하라는 것이다. 기도와 감사는 더 이상 자세한 설명이 필요없지만, 간구와 도고는 우리에게 익숙지 않은 단어다. 즉 간구는 요청(supplication, requests)이고 도고는 중보(intercession)를 뜻한다. 왜 이렇게 장황하게 기도 생활에 대한 설명이 필요했을까?

여기서 디모데를 온전한 교역자로 만들려는 바울의 세심한 배려를 엿볼 수 있다. 바울은 멘토로서 디모데의 영적 삶에서 어느 것 하나라도 부족함이 없기를 간절히 원했다. 또한 바울의 위대한 사도 정신을 볼 수 있다. 바울은 사도로서 자신을 가꾸고 노력하며 살기도 벅찰 텐데, 자신의 뒤를 이어 주님의 일을 감당하는 후배의 삶에도 이토록 정성을 기울이는 것을 보면 그는 실로 사도다운 사도다.

2. 한 하나님, 한 중보자, 한 구속주

디모데전서 2:5에 "하나님은 한 분이시요 또 하나님과 사람 사이에 중보도 한 분이시니"라는 말씀이 나온다. 그리고 위의 소제목에 사용한 표현은 토머스 C. 오덴의 것이다. 이것은 구전으로 전해 오던 표현을 세 부분으로 나눠 열거한 것이다. 오덴은 "하나님의 통일성, 한 중보자 예수 그리스도, 모든 사람들을 구원하는 그리스도의 죽음"이라고 표현했다(p. 86). 또 어거스틴은 예수 그리스도는 신인(神人)으로서 "죽을 운명을 가진 죄인들과 영생하시는 의로우신 하나님 사이에 나타나셨다. 인간과 더불어 죽을 운명이 되셨고, 하나님과 더불어 의로우신 분이셨다"고 말했다(Confessions, X. 43. p. 68).

예수 그리스도는 많은 사람들의 대속물(마 20:28)로 오신 분이다. 이름도 모르는 신에게조차 머리를 조아리던 당시의 많은 사람들과 소위 종교다원주의에 빠져 어떤 신을 섬겨야 하는지도 모르는 21세기 현대인들에게 동일하게 적용되는 하나님의 말씀이다. 인류는 오직 한 하나님, 한 중보자, 한 구속주만을 섬겨야 한다.

3. '모든 사람'이라는 표현의 의미

디모데전서 2:1, 2, 4, 6에는 '모든 사람'이라는 표현이 반복적으로 등장한다. 영어로 'everyone'이나 'all men'으로 표현되는 이 말은 무슨 의미를 담고 있을까? 이는 복음의 보편성을 뜻하는 것으로 볼 수 있다. 즉 복음은 모든 사람들을 위한 것이라는 뜻이다. 그리스도는 모든 사람들을 위해 돌아가셨고 하나님은 모든 사람들이 구원받기 원하신다는 말이다(딤전 2:4). 그러나 이 말이 '만인 구원설'을 의미하는 것은 결코 아니다.

만인 구원설이란 사랑이 많은 하나님이 인류의 일부만을 선택해 구원하시고 나머지는 영원히 형벌받을 운명으로 창조했을 리가 없다는 이론이다. 언뜻 보면 대단히 설득력 있는 것처럼 들리지만, 예수님의 죽음을 인류의 죄를 속죄하기 위한 것이라기보다 하나님의 자녀들에 대한 그분의 무한하고 변함없는 사랑을 타나내는 여러 사건 중의 하나로 본 것이고, 결국 예수 그리스도의 대속적 죽음의 중요성을 폄하한 것이다. 따라서 만인 구원설은 터무니없는 주장이다. 하나님의 사랑이 표현된 것은 분명하지만 예수 그리스도를 구주로 고백하지 않은 사람도 구원을 받는다고 그 가능성을 열어 놓는 것은 결코 진리가 아니다.

4. 아직도 구원받지 못한 사람이 많은 이유

4절에 하나님은 모든 사람들이 구원받기를 원하신다고 분명히 씌어 있다. 이 말은 인류에 대한 하나님의 강한 의지를 담고 있다. 그러나 이 구절에서 우리는 '하나님은'이라는 표현보다 '모든 사람이 구원받기를'이라는 표현에 더 집중하는 경향이 있다. 그러나 이제는 올바로 읽어야 한다. 즉 강조점이 균등하게 주어져야 한다. '하나님'이 원하시지 않으면 아무 일도 일어나지 않는다는 것을 기억해야 한다.

어거스틴이 누누이 말한 것처럼, 하나님이 우리의 구원을 원하시도록 우리는 기도해야 한다. 모든 구원사역의 시작과 과정 그리고 끝은 전적으로 하나님의 경륜에 달려 있기 때문이다. 오덴의 말처럼, 그리스도의 사건은 보편적 타당성을 지닌다(p. 89). 쉽게 말해 구원은 모든 사람들에게 열려 있지만 오직 그리스도의 초대에 '예'라고 응답하는 사람에게만 열려 있다. 물론 인간이 '예' 혹은 '아니오'라고 응답하는 것도 하나님의 원초적인 허락에 달려 있지만 말이다(p. 89).

결국 모든 사람들에게 구원의 문은 열려 있다. 그러나 그들이 응답하든 응답하지 않든 모든 사람들이 구원받을 것(절대적인 보편주의)을 암시하는 구절은 아니다. 따라서 이 구절에서 인류에 대한 하나님의 지극한 사랑을 느낄 수 있고, 인류에게 주신 '자유 의지'를 존중하시는 하나님의 경륜을 알 수 있다. 물론 유한한 인간이 하나님의 뜻과 경륜을 모두 이해하기란 분명히 한계가 있음을 인정하지 않을 수 없다. 모든 것이 하나님의 것이다.

5. 여성들의 배움과 가르침에 대해

디모데전서 2:11~15을 해석하는 열쇠는 14절에 숨겨져 있다고 본다. 이전과 이후에 사용하는 바울의 지혜로운 어투와 다르게 유독 이곳에서만 거칠고 정죄하는 분위기(tone)를 띠는 이유는 무엇일까? 11절의 "종용히 배우라"와 12절의 "종용할지니라"와 같은 표현은 언뜻 보면 바울답지 않다. 이것은 당시의 상황이 그만큼 급박하고 험악했음을 추측케 한다.

오덴은 목소리도 크고 지나치게 용감했던 몇 명의 여인들이 거짓 가르침에 빠져 자신들의 남편들과 다른 남자들에게 오만방자한 태도를 취했을 것으로 본다(p. 154). 그 여인들로 인해 공중예배가 혼란에 빠졌을 것이며, 다른 것은 몰라도 예배의 질서가 깨지는 것을 차마 방치할 수 없었던 바울의 입장이 그대로 드러난다. 문제의 핵심은 여인은 무조건 남자들 앞에서 가르치지도 말고 목소리를 높여서도 안 된다는 것이 아니라, 이단들의 떠들썩하고 공공연한 과시나 과대선전이었을 것[2]이라는 견해에 필자도 동의한다.

사실 당시 교회에는 잘 가르치던 여자 지도자들이 있었는데(딛 2:3~4), 브리스가는 학문을 많이 습득하고 박식했던 아볼로의 교사이기도 했다. 그뿐만 아니라 바울의 절대적인 신뢰를 얻었던 루디아는 빌립보 교회 설립에 지대한 공을 세운 지도자였고, 유오디아와 순두게도 여자 리더들이었다(둘 사이에 긴장이 있었지만). 그런 사실로 봐서도 바울이 결코 여자를 남자보다 조금 못한 피조물로 여기지 않았음은 분명하다.

다만 당시 에베소 교회의 특수한 상황이 바울로 하여금 그토록 거친 말을 하게 했다고 이해하는 것이 성경 전체의 문맥으로 볼 때 더 신빙성을 갖는다. 그러므로 가르침의 은사가 있는 여성 지도자는 그 일을 하게 하고, 대신 거짓 가르침에 빠져 신앙 공동체의 예배 질서를 무너뜨리려는 사람은 여자든 남자든 간에 용납하지 말 것을 단호하게 밝힌 것이다.

여기서 우리는 바울의 균형 잡힌 목회철학을 다시 엿볼 수 있다. 즉 교양과 훈계로 자신의 양 무리를 양육한다는 점이다. 따뜻한 사랑과 선한 마음으로 목양하되, 성도들이 오류에 빠질 우려가 있다면 가차 없이 그 곪은 부위를 도려내는 것이다. 따라서 목회자들은 교양과 훈계는 동전의 양면과 같음을 항상 기억해야 한다.

02

교회 지도자의 자질과 훈련

디모데전서 3~4장 주해와 적용

디모데전서 3~4장은 교회 지도자들을 세우는 일에 관한 내용으로 구성되어 있다. 즉 교회 지도자들이 갖춰야 할 자질과 덕목, 그들이 지켜야 할 신앙의 내용, 그들이 힘써야 할 경건의 훈련 등이 상세하게 기록되어 있다.

디모데전서 3~4장은 길지 않은 내용으로 총 여섯 단락으로 이루어져 있다. 각각의 내용은 다음과 같다. 첫째 감독의 자질(3:1~7), 둘째 집사(목사)의 자질(3:8~13), 셋째 믿음의 비밀(3:14~16), 넷째 거짓된 가르침에 대한 경계(4:1~5), 다섯째 경건에 이르는 연습(4:6~10), 여섯째 목회 지도력의 은사와 책임(4:11~16) 등이다.

감독의 자질(3:1~7)

디모데전서 3:1~13은 교회 지도자의 자질에 대해 다룬다. 디모데전후서와 디도서에는 세 가지 형태의 교회 지도자에 대해 지도력을 언급하는데, 곧 감독(딤전 3:1~7; 딛 1:7~9)과 장로(딛 1:5~6)와 집사(딤전 3:8~13)다. 아마 바울은 예수님의 재림이 있을 때까지 지상의 교회가 존속해 나가는 데 필요한 교회 체제와 지도력을 개발할 필요성을 느꼈던 것 같고, 그의 생각은 목회서신을 통해 잘 나타난다. 그런 의미에서 본문은 교회의 조직과 지도력에 대한 최초의 체계적 언급에 해당한다고 볼 수 있다.

감독은 '에피스코포스'라는 말로서 교회를 지도하고 감독하는 역할을 맡은 자를 뜻한다. 본 서신보다 약 30년 후인 1세기 말에 보다 체계적이고 분화된 형태로 감독과 장로들의 직책이 확립되지만, 본서에서는 양자가 그다지 뚜렷하게 구분되지 않았다. 이런 사실은 감독의 직무 중에 장로들을 지휘하는 것이 언급되지 않은 것으로 미뤄 보아 알 수 있다. 또 바울은 빌립보서에서 '감독들과 집사들'에게 문안하는데(1절), 여기서 장로가 빠져 있는 것은 장로가 감독과 거의 동의어로 쓰였거나, 둘 사이의 분화가 뚜렷하게 이뤄지지 않았음을 암시한다. 아마 그때 장로들 중에서 감독하는 직무를 맡은 자를 감독이라는 호칭으로 불렀던 것으로 보인다. 즉 모든 감독들은 장로였지만 그렇다고 해서 모든 장로들이 감독은 아니었다는 뜻이다.

감독은 다스리고 인도하며, 돌보고 양을 치며, 진리를 지킬 뿐 아니라 목회의 일을 전반적으로 감독하는 일을 맡은 자다(딤전 5:17; 딛 1:9; 행 11:30; 20:28; 벧전 5:2). 따라서 감독은 영적으로 성숙한 사람이어야 하기 때문에 감독의 자격을 엄격하게 제시할 필요가 있었다.

본문에 따르면, 감독의 직무를 위해서는 두 가지 능력이 필요하다. 첫 번째 능력은 지도력이다. 감독은 "한 아내의 남편"이라야 하고(2절) "자기 집을 잘 다스려 자녀들로 모든 단정함으로 복종케 하는 자"(4절)라야 한다. 그러면서 그 이유를 5절에서 말씀한다. "사람이 자기 집을 다스릴 줄 알지 못하면 어찌 하나님의 교회를 돌아보리요." 여기서 우리는 교회가 가정에 비유되는 것을 볼 수 있다. 교회라는 신앙 공동체는 하나의 대가족과 같다. 따라서 교회의 감독은 가정의 가장(家長)과 같은 위치에 있다. 가장이 가정을 잘 이끌어야 하는 것처럼, 감독도 교회 구성원들을 잘 이끌어야 한다.

그리고 가장과 마찬가지로 감독은 구성원들에게 지도력을 행사하기 위해 구성원들에게 존경을 받아야 한다. 그러기 위해 무엇보다 성적(性的)으로 정결해야 한다. 감독이 한 아내의 남편이어야 한다는 말은 바로 이 점을 분명히 한 것이다. 즉 결혼에 충실하고 성적으로 정절을 지키는 것으로 요약된다. 이 말씀은 "모든 사람은 혼인을 귀히 여기고 침소를 더럽히지 않게 하라"(히 13:4)는 가르침과 같은 맥락에서 이해된다.

당시 그리스-로마 문화에서 빈번한 이혼, 간통, 동성애 등으로 인해 결혼의 정절이 훼손되거나, 극단적인 금욕주의에 의해 결혼 자체가 위협을 받고 있었다. 이런 점에 대해 사도는 기독교적 가르침이 무엇인지를 제시한다. 즉 기독교 공동체의 지도자들은 가족에게 충실하고, 성생활이 건강해야 하며, 결혼에 대해 충성스러워야 한다는 것이다. 교회의 지도자가 성적으로 정결할 때 회중들이 그를 보고 따를 것이다. 그러므로 교회 지도자에게 성적 성결은 가장 기본적이고 필수적인 덕목이다.

두 번째 능력은 가르치는 것이다(2절). 감독은 잘 가르치기 위해 전해 받은 말씀을 잘 가르쳐야 하고, 거짓된 가르침들에 대항할 수 있는 능력을 가져야 한다. 즉 올바른 교훈에 대한 청지기로서 자신이 받은 가르침을 견고히 보존하고, 그것을 다음 세대에 전하는 일이야말로 감독의 사명이다. 그러기 위해 신화와 족보들과 구별된 올바른 교훈 안에서 가르칠 수 있어야 한다(딤전 1:10). 또 복음에 저항하는 자들과 반대하는 자들에 맞서 그들의 주장을 논박해서 이기는 능력을 가져야 한다.

감독은 앞서 설명한 두 가지 능력의 토대 위에 두 가지 자질을 갖춰야 한다. 하나는 부정적인 자질들 곧 피해야 할 덕목들이고, 다른 하나는 긍정적인 자질들 곧 갖춰야 할 덕목들이다. 피해야 할 덕목들은 "술을 즐기지 아니하고 구타하지 아니하며 다투지 아니하고 돈을 사랑치 않아야" 한다(3절). 칼빈은 교회의 지도자가 '무절제한 폭음'을 하지 않는 사람이어야 한다고 말했다. 이는 제사장들로 하여금 알코올에 중독되는 것을 경고한 레위 전통(레 10:8~9)에서 기인한다. 또 폭력적이거나 남에게 상처를 입히는 사람이어선 안 되고, 이득을 얻기 위해 탐욕을 부려서도 안 된다. 이런 것들은 모두 그리스도의 종들에게 어울리지 않는 행동들이다.

갖춰야 할 덕목들은 "절제하고 근신하며, 아담하고 관용하며, 나그네를 대접하는 것"을 들 수 있다(2~3절). 이는 온유, 인내, 기질을 억제함과 평화로움을 유지함 그리고 융화적인 성격을 의미한다. '근신하며'로 번역된 한글개역 성경의 본 뜻은 '분별력 있음'이고, '아담하다'의 본 뜻은 '위엄 있다', '존경할 만하다'다. 다시 말해 감독은 분별력 있고 절제하며, 자신의 열정을 지배할 줄 알고 위엄이 있으며, 잘 정돈되고 훈련된 삶을 사는 사람이어야 한다는 것이다.

또한 당시는 박해의 시기였으므로 감독의 집이 망명자들을 위한 피난처로서 이용되는 일이 잦았기 때문에 '나그네를 대접하는 일'은 감독들에게 필수적이었다. 집이 없는 사람들에게 자신의 가정을 제공하고, 지나쳐 가는 사람들을 돌보는 일과 낯선 사람들에게 친구가 되어 주는 일 등이 모두 해당된다.

그러나 모든 자질을 갖췄다고 해서 아무나 감독이 될 수 있는 것은 아니었다. 6절은 "새로 입교한 자도 말지니 교만하여져서 마귀를 정죄하는 그 정죄에 빠질까 함이요"라고 경고한다. 입교한 지 얼마 되지 않은 사람은 아무리 훌륭해도 감독으로 세울 수 없다는 뜻이다. 왜냐하면 그가 기독교의 가르침에 완전히 뿌리를 내렸다고 단정할 수 없고 여전히 시험 중에 있기 때문이다. 아직 자질이 충분히 입증되지 않은 사람에게 영혼들을 돌보는 막중한 책임을 지우는 것은 지혜롭지 못하며 오히려 그를 위험에 빠뜨릴 수 있다. 왜냐하면 그가 갑자기 큰일을 맡게 되어 새로 태어난 믿음의 활력에도 불구하고 교만에 빠지게 될 염려가 있기 때문이다.

중요한 것은 이런 모든 자질들이 교회 바깥의 사람들에게도 인정되어야 한다는 것이다. 7절은 이렇게 말씀한다. "또한 외인에게서도 선한 증거를 얻은 자라야 할지니 비방과 마귀의 올무에 빠질까 염려하라." 이는 세상 사람들의 평범한 도덕적 수준으로는 교회의 지도자가 될 자격이 없다는 뜻이다. 외부 사람들도 그의 인격에 대해 인정하는 자만이 비로소 감독이 될 자격이 있는 것이다.

그 이유는 감독이 바깥세상을 향해 교회를 대표하는 사람인 만큼 사회적으로 비난을 받지 않는 것이 중요하기 때문이다. 만일 감독이 자신의 행위로 인해 세상 사람들에게 비난을 받는다면 그것은 곧 교회를 손상시키는 일이다. 더욱이 당시 교회는 박해의 상황에 놓여 있었기 때문에 교회 지도자들은 세상에서 작은 꼬투리 하나도 잡히지 않는 것이 중요했다.

목회서신의 말씀이 일반적으로 그렇듯이, 이 말씀은 너무 실천적이어서 해석과 적용에 특별히 어려움은 없다. 교회의 지도자가 될 사람은 지도력과 말씀을 가르치는 능력을 갖춰야 했다. 그런데 지도력은 성적으로나 도덕적으로 깨끗함에서 나오고, 가르치는 능력은 신학 훈련과 매일의 삶에서 말씀을 생활화함에서 나온다.

교회는 지도자들을 세우는 일에 후보자들을 세심하게 관찰하고 시험해서 실패하지 않도록 해야 하고, 나아가 이런 범주에 드는 지도자들을 육성하도록 힘써야 한다. 왜냐하면 권장되는 덕목을 획득하고 피해야 할 덕목들을 제거하는 일은 말씀을 배우고 훈련받음으로써 점진적으로 이뤄가는 수덕(修德)의 결과물이기 때문이다.

집사(목사)의 자질(3:8~13)

'집사'(디아코노스)라는 말에는 '종'(servant)이라는 의미가 있다. 따라서 집사란 '섬기는 자'(엡 6:21)를 뜻한다. 즉 이 말은 감독이나 장로 또는 그들을 돕는 자들에게도 해당될 수 있다(빌 1:1). 바울은 자신의 사역이나 다른 사람의 사역에 대해서도 이 말을 자주 사용했다(고전 3:5; 고후 3:6; 골 1:23; 4:7). 이처럼 '디아코노스'라는 말은 다양한 직무와 기능들에 폭넓고 융통성 있게 사용되었다.

사도행전에 따르면 본래 집사들은 장로들이 기도와 말씀사역에 집중할 수 있도록 하기 위해 임명되었다(행 6:2~4). 그들은 재정을 나눠 주는 일과 세속적인 일들 그리고 가난한 사람들을 위한 사역을 담당했지만, 스데반과 빌립의 경우에서 보듯이 설교의 사역을 맡기도 했다. 스데반은 집사로서 설교하고 순교했으며, 빌립도 집사로서 전도자의 사역을 맡았다.

집사의 자질은 가르치고 지도하는 능력을 제외하고는 많은 경우 감독의 자질과 평행을 이룬다고 볼 수 있다. 우선 집사는 진지해야 한다. 한글개역성경에서 '단정하다'고 번역한 것은 '진지하고 사려 깊음'을 뜻한다. 이는 집사의 필수적 자질인데, 그 이유는 이웃을 섬기는 직책으로서 집사에게 이웃의 필요를 살피고 헤아리는 마음가짐이 필요하기 때문이다. 또 섬기는 사역에서 일구이언하지 않는 것도 중요하다. 집사의 말을 신뢰할 수 있어야 한다. 말에 신뢰가 없다는 것은 곧 부정직하다는 뜻이며, 이는 섬기는 직책으로서 치명적인 오류가 될 것이다.

또한 알코올 중독자와 탐욕스러운 자도 집사로서 부적합하다(딤전 5:23; 딛 1:7; 2:3). 더욱이 집사는 가난한 사람들을 위한 사역을 담당하는데, 만일 그가 탐욕스러운 인물이라면 가난한 사람들을 위해 집행해야 할 교회의 금전을 교묘하게 빼돌려 자신의 유익을 추구할 가능성이 높기 때문이다. 따라서 '더러운 이를 탐하지 아니하고 깨끗한 양심'(8~9절)을 갖추는 것은 집사의 필수 덕목이다.

가난한 사람들을 돌보는 일은 집사의 직무 중에서도 핵심으로, 이는 복음의 핵심과 관계된 사항이다. 왜냐하면 교회가 가난한 사람들을 돕는 것은 단지 그들에 대한 연민이나 동정 때문이 아니라, 우리를 위해 가난하게 되신 독생자 예수 그리스도의 성육신 사건을 의미 있게 하는 일이기 때문이다. 그러므로 구제는 교회의 직무에서 부차적이거나 부가적인 사항이 아니라, 교회의 본질적인 존재 이유다. 집사는 이런 성스러운 일을 담당하는 직책이기 때문에 '깨끗한 양심에 믿음의 비밀을 가진 자'라야 한다(9절). 따라서 집사가 될 사람은 면밀한 시험을 거쳐 인증을 받고 세움을 입어야 한다(10절).

14절에 나오는 '여자들'에 관한 부분도 '섬기는 사역'을 감당하는 여성들에 관한 사항이다. 즉 여기에 나오는 여자들은 여자 집사들이거나 집사들의 아내들을 말하며 보통 여성들이라 하더라도 어떤 종류의 사역에 임하던 여성들임에 틀림없다. 겐그레아의 뵈베(롬 16:1), 유오디아와 순두게(빌 4:2), 다비다(행 9:36~41)에 관한 언급은 여성들이 당시의 교회에서 일정한 직무를 수행하고 있었음을 암시한다.

사역에 임하는 여자들도 일정한 자격을 갖춰야 하는데, 이 자격은 대부분 남자 집사들에 관한 기준과 평행을 이룬다. 남자 집사들이 일구이언하지 말아야 하는 것처럼, 여자들도 남을 험담하지 말아야 한다(14절). '단정'해야 한다는 표현이 남자들에게 적용되었던 것처럼, 여자들에게도 동일하게 적용되었다. 곧 신중하고 사려 깊어야 한다는 뜻이다.

여자 지도자들이 절제하며 충성된 자라야 하는 이유도 그들이 물질 분배와 세례 후보자 중에 여자들에 대한 교육을 맡는 자로서 정직함과 신실함 가운데 그들의 직무를 수행해야 하기 때문이다. 여자 집사들이 "한 남편의 아내가 되어 자녀와 자기 집을 잘 다스리는 자"(13절)라야 하는 이유는, 선포하고 교회를 다스리는 일에 집사는 감독을 돕는 직책이기 때문이다. 즉 감독을 돕는 사람은 자격 요건에서도 감독과 일치해야 한다는 뜻이다.

그러므로 교회 지도자들에 관한 본문은 다음과 같이 정리될 수 있다. 먼저, 감독과 장로들에게 필요한 덕목으로 절제, 나그네 대접함, 가르치기를 잘함, 외인들에게 좋은 평판 들음, 선한 것을 사랑함, 정직한 생활, 거룩한 삶과 훈련된 행동들이다. 피해야 할 덕목으로 난폭한 성질, 다투기를 좋아함, 돈에 대한 지나친 사랑, 거만함과 미숙함이다.

또 집사나 사역자들에게 필요한 덕목으로 남자들에게는 진실함과 경험을 통한 시험이, 여자들에게는 진지한 태도와 온건한 행동 및 매사에 신실함이다.

그밖에 모든 지도자들과 사역자들에게 공통적으로 요구되는 덕목으로 다음과 같은 것이 있다. 한 배우자에게 신실함, 책임적인 부모 됨, 온건한 행동, 사람들에게서 존경받음, 신앙의 깊은 진리를 붙잡음, 남에게 비난 듣지 않음 등이다. 술 취함과 부정한 이득을 취하는 것은 모든 사역자들과 지도자들이 피해야 할 덕목이다.

믿음의 비밀(3:14~16)

이 부분에서 사도 바울은 자신이 왜 이 편지를 쓰게 되었는지를 설명한다. 그는 본래 에베소에 직접 와서 그곳에 있는 문제들을 바로 잡기 원했지만, 상황이 허락하지 않음을 깨달았다. 아마 자신이 감옥에 갇히게 되리라는 예감 때문이었다. "만일 내가 지체하면"(15절)이라는 말은 "나의 방문이 지체되면"이라는 뜻이다. 물론 디모데후서를 쓸 수 있지만, 이 편지 후의 바울의 행적은 로마의 감옥에 수감되는 것이었다. 바울은 이 편지를 쓸 당시 자신의 마지막 서신이 될 수도 있다고 생각했을 것이다.

이런 위기 상황에서 바울은 마지막 유언과도 같은 글을 남긴다. 즉 이 글을 남기는 이유는 교회가 "진리의 기둥과 터"(15절)며, 예수 그리스도의 사역에 기초하고 있음을 강조하기 위함이었다. 16절은 짧지만 그 안에 초기 기독교 선포의 핵심을 모두 담고 있는 매우 중요한 구절이다. "크도다 경건의 비밀이여, 그렇지 않다 하는 이 없도다"(16절)라는 말씀은 그리스도의 승리와 영광을 찬양하는 아름다운 것이다. 여기서 '경건의 비밀'은 바로 예수 그리스도 안에 나타난 하나님의 계시를 말한다(엡 3:4~7; 골 2:26~27 참고). 그리고 다음에 나오는 것은 전체적으로 여섯 가지 내용으로 이뤄진 그리스도의 사역에 대한 진술이고 선포며 찬양이다. 그 내용은 다음과 같다.

첫째, 그리스도께서 육신으로 나타나셨다. 하나님께서 인간으로 나타나셨고 보이셨으며, 우리와 같은 인간으로 오셨다(딤후 1:10; 딛 2:11; 요 1:14; 롬 1:3~4). 성육신은 구원의 역사를 위한 시작이다.

둘째, 그리스도께서 성령님에 의해 의롭다 하심을 받으셨다. 특히 그리스도의 부활은 그분의 정당성을 인정하는 사건이다. 성령님은 그분의 사역에 권능을 부여하셨으며, 최종적으로 그분을 죽은 자 가운데서 일으키심으로써 그분을 의롭다고 하셨다(벧전 3:18 참고). 그리스도는 "성결의 영으로는 죽은 자 가운데서 부활하여 능력으로 하나님의 아들로 인정되신" 분이다(롬 1:4).

셋째, 그리스도께서 천사들에게 보이셨다(엡 1:20~21). 성육신하시기 전에,

하나님은 피조물의 눈에 보이지 않는 분이셨다. 그러나 하나님과 동등 본체이신 예수 그리스도께서 성육신하심으로써 인간들뿐만 아니라 천사들도 육신을 입으신 하나님을 볼 수 있게 된 것이다. 물론 천사들은 주님의 탄생을 사람들에게 알리고 찬미했으며, 그분께서 시험받으실 때 수종을 들었고, 그분의 무덤을 지켰으며, 그분의 승천을 증거했으며, 그분의 재림을 기다리고 있다(엡 3:10; 히 1:6; 벧전 1:12 참고).

넷째, 그리스도께서 만국에 전파되셨다(행 28:28, 롬 15:16). 이제 그분은 예루살렘에서부터 땅 끝까지 널리 전파되셨다. 이 복음을 담지한 주체는 다름 아닌 신앙 공동체로서 교회다.

다섯째, 그리스도께서 세상에서 믿은 바 되셨다(골 1:23 참고).

여섯째, 그리스도께서 "영광 가운데 올리우셨다." 그분께서 이 땅에 오셔서 하늘나라를 전파하시고 죽으셨으며, 죽은 자들 가운데 살아나시고 하늘에 오르시며, 아버지의 영광 안으로 되돌아가셨다(막 16:19; 행 1:9~11). 따라서 천상 세계와 지상 세계가 그리스도 안에 나타난 하나님의 행위에 의해 함께 싸매어져 꿰뚫렸다.

이 찬송의 내용은 초기 기독교 선포의 핵심이며, 나중에 교리적으로 확정된 신학의 내용이다. 성육신, 십자가와 부활, 승천이 모두 들어 있는 이 내용이 바로 '경건의 비밀' 곧 믿음의 비밀이고 구원의 비밀이다. 이것은 기독교 복음의 핵심이기 때문에 복음의 바탕이고 출발이며, 우리의 선포와 신앙이 돌아가야 할 귀착점이다.

본문을 오늘의 상황에 적용하는 것은 우리의 선포와 삶을 항상 이 내용에 일치시키는 것 외에 다른 게 없다. 물론 이는 끊임없는 교육과 선포와 훈련을 통해 점차 뚜렷하게 될 것이다.

거짓된 가르침을 경계하라(4:1~5)

그리스도의 사역에 기초한 믿음의 진리 위에 굳게 서서 그리스도의 재림 때까지 존속해야 할 교회에 미혹케 하는 자들과 가르침이 생겨난다. 이런 일은 "후일에"(1절) 발생할 터인데, 여기서 '후일'이란 주님의 승천에서부터 재림 때까지의 기간을 말한다. 초림과 재림 사이의 시간은 배교와 박해와 악의 통치를 동반할 것이라는 예언자적 전통은 이미 있었다(딤후 3:1; 마 24:11~12; 막 13:22; 행 20:29~30; 살후 2:3~12; 벧후 3:3~7; 유 1:17~18 참고). 그때 믿는 자들 중에 활동적인 믿음과 건전한 교리에서 떠나는 사람들이 나타날 것이다(행 20:30).

그렇다면 이처럼 변절자가 생기는 이유는 무엇일까? 그것은 바로 "미혹케 하는 영과 귀신"(1절), 즉 사탄의 역사 때문이다. 사탄은 언제나 하나님의 구원계획을 좌절시키려 하고 그 최종적인 성취를 연기시킬 기회만을 찾고 있다. 비록 사탄은 십자가에서 패했지만 인류의 죄악 된 역사에 여전히 활동하고 있다. 이런 사탄의 작용에 넘어가는 성도들이 생겨나는 것이다.

때로 공인된 지도자들도 사탄에게 넘어갈 것이다. 사탄은 언제나 이런 사람들을 통해 역사한다. 사탄에게 넘어간 이들은 "양심이 화인을 맞아서 외식함으로 거짓말"한다. 그들은 위선적이고 뻔뻔하게 말하고 행동할 것이다. 속이는 자들은 자신들이야말로 진정한 교회며 이단에 대항해 믿음을 지키고 있다고 거짓말한다. 그들의 태도가 너무나 진실되게 보이기 때문에 오직 성령님만이 그 진실을 아실뿐 사람들은 그 본질을 알아보지 못한다. 그들은 언제나 하나님, 그리스도, 의(義), 진리, 교회라는 칭호를 가지고 다니며 온 세상 사람들의 갈채를 받는다. 그러나 그것은 어디까지나 위선의 결과다.

그들의 주장은 당시의 영지주의의 가르침을 주된 내용으로 한 창조질서가 악하다는 전제에서 출발한다. 즉 하나님이 인간에게 주신 성(sex)이나 음식이 악하므로 가급적 멀리 해야 한다고 잘못 가르쳤다.

첫째, 그들은 성을 악한 것으로 보아 결혼을 금지하라고 가르쳤다(3절). 영지주의는 육신을 신적 영을 가둬 두는 감옥으로 여기고, 혼인이 육신의 계속적 증식이라는 결과를 가져오기 때문에 반대한 것으로 보인다. 이런 잘못된 가르침에 영향을 받아 에베소의 젊은 여성들이 미혹 당했음을 바울은 알고 있었다. 그래서 그는 독신이 모든 사람들에게 주어지는 은사가 아님을 주장했다(딤전 5:6, 11~15 참고).

둘째, 거짓 교사들은 특정 음식을 먹는 것이 잘못이라고 가르쳤다(3절). 이는 아마 구약성경의 식물금지 규례를 계속 지킨다는 뜻으로 보인다(롬 14:2~3; 골 2:23). 그러나 이에 대해 바울은 일관된 입장을 견지했다. 즉 하나님께서 지으신 모든 것이 선하기 때문에 음식이 사람을 더럽게 하거나 품위를 손상시키지 않는다는 것이다(4절). 그리스도께서 율법적인 음식 제한 규정에서 믿는 자들을 자유케 하셨다. 왜냐하면 스스로 속된 것은 없기 때문이다(롬 14:14).

따라서 하나님의 자유케 하시는 은총을 힘입은 자들은 더 이상 음식과 성 문제에 관해 초금욕주의자들의 가르침에 미혹당할 필요가 없다. "하나님이 지으신 모든 것이 선하매"라는 말씀(4절)은, 감사함으로 받는 음식과 결혼의 테두리 안에 있는 규모 있는 성생활은 기본적으로 인간에게 유익함을 뜻한다. 모세의 율법은 음식에 구별을 두었지만, 그리스도의 빛 가운데 우리는 아무것도 천하거나 불결하다고 말해선 안 된다고 어거스틴은 말했다.

"하나님께서 깨끗케 하신 것을 네가 속되다 하지 말라"(행 10:15). 따라서 하나님께서 주신 창조의 선물들은 감사의 기도로 받아야 한다(4절). 감사로 받을 때 모든 음식이 거룩해진다. 왜냐하면 만물을 창조하신 하나님께서 그것들을 보시고 '좋다'고 하셨기 때문이다. 우리가 식사 전에 드리는 기도는 떡을 떼기 전에 축사하신 주님의 모범과 일치하며, 초대 교회에서 보편적으로 받아들여진 관습이었다.

오늘날에도 음식과 성 문제에 관해 금욕주의적 입장을 견지하는 주장이 있지만, 자칫 잘못하면 성경에 대한 잘못된 이해로 흐를 수 있으므로 주의해야 한다. 또 현대에는 성 개방의 풍조로 성을 과도하게 소비하는 경향이 만연해 있는데, 이것도 경계해야 할 대상이다.

하나님께서 우리에게 주신 창조의 질서는 우리가 향유해야 할 대상이지만, 기도와 감사와 더불어 하나님께서 세우신 질서의 테두리 안에서 향유해야 한다. 지나친 금욕이나 과도한 방종은 모두 하나님의 창조질서에 위배되는 것임을 다시 한 번 명심해야 한다.

경건에 이르는 연습(4:6~10)

바울은 디모데에게 경건에 이르는 훈련을 하도록 권면한다. 경건의 훈련을 위해 "망령되고 허탄한 신화를 버려야" 한다. '망령되고 허탄한 신화'란 영지주의의 산물로서 신들의 족보와 자세하게 늘어놓는 신화에 대한 사변적 해석을 뜻하는 것으로 보인다.

바울은 어리석은 이론들에 마음을 빼앗기지 말고 마치 운동선수가 경주에 임하듯이 자신을 훈련시킬 것을 권고한다. 여기서 바울은 육체의 연습과 경건을 대비시킨다. 육체의 연습은 현재적으로 제한된 유익을 가질 뿐이지만, 경건의 연습은 무한하고 영원한 유익이 있다고 주장한다. 물론 여기서 말하는 육체의 연습은 체육훈련을 뜻하는 것이 아니라, 영지주의자들의 가르침 등으로 인한 금욕 수행을 뜻한다.

따라서 바울이 의미하는 바를 이렇게 이해할 수 있다. 즉 운동선수는 경기에서 상을 위해 자신의 몸을 훈련시키지만, 현재 삶과 내세의 삶에 대한 약속까지 지닌 경건을 향한 영적 훈련과 비교해 볼 때 육체의 연습은 순간적이고 제한된 유익에 불과할 뿐이다. 따라서 우리는 경건에 이르는 영적 훈련에 집중해야 한다는 것이다.

목회 지도력의 은사와 책임(4:11~16)

바울이 이 편지를 쓸 때 디모데의 나이는 30~35세 사이로 추정된다. 이는 디모데가 바울과 함께한 시점(주후 49~50년쯤)과 이 편지가 기록된 시기(주후 62~64년쯤)에 근거한 것이다. 연로한 사람들이 존경받는 사회에서 바울은 젊은 목회자 디모데에게 "누구든지 네 연소함을 업신여기기 못하게 하라"고 권고한다(12절).

디모데는 14절에 기록된 바와 같이 '장로의 회'에서 안수를 받았다. 아마 이 안수식에 바울과 더베, 루스드라의 장로들이 참석했을 것으로 추측한다. 이 안수를 통해 디모데는 말씀의 선포자와 교사로 섬기도록 목회의 직무를 부여받았다. 물론 안수는 목회에 대한 내적 은사의 외적 표지다. 그리고 이런 의식은 공직 또는 공무에 임명하기 위한 고대 히브리인들의 관습의 연속선상에 있다(민 8:10; 27:18; 신 34:9).

그러나 디모데의 연소함으로 인해 그의 목회사역이 지장을 받아서는 안 된다. 그는 누구든지 자신의 연소함을 업신여기지 못하도록 은사, 즉 카리스마를 발휘해야 한다. 디모데는 결코 이 은사를 경히 여겨선 안 된다(14절). 그러기 위해 그는 몇 가지를 힘써야 한다.

첫째, "말과 행실과 사랑과 믿음과 정절에 대하여 믿는 자에게 본이 되는 것"이다(12절). 모든 지도자들에게 공히 해당되는 말이지만, 특히 디모데와 같은 젊은 사역자들은 설교를 포함해 자신이 하는 말과 행동을 일치시킬 필요가 있다. 이것이야말로 자신의 지도력을 세우는 첩경이다.

둘째, "읽는 것과 권하는 것과 가르치는 것에 착념해야 하는 것"이다(13절). 여기서 '읽는 것'은 권면과 교훈, 즉 설교의 토대로서 구약성경을 회중 앞에서 낭독하는 것을 말한다. 디모데는 말씀의 사역자로 부르심을 받았기 때문에 이 직무를 열심히 수행해야 한다. 디모데와 같이 젊은 목사들은 자신이 받은 말씀선포 은사의 견고함을 명심하고 열정과 용기를 갖고 직무를 수행해야 한다(14~15절).

교회 지도자들의 개인적 열정과 내면적 진보는 교회 전체를 위해 매우 중요하다. 그들이 복음을 올바로 전함으로써 자신의 운명뿐 아니라 자신에게 맡겨진 사람들의 운명도 책임지기 때문이다(16절).

맺는 말

예수 그리스도의 성육신과 십자가와 부활, 승천을 통해 입증되고 성취된 하나님의 인류구원의 역사와 이에 대한 소식인 복음은 위대하고 영원하다. 복음은 교회 공동체에 담지해 왔으며, 교회 지도자들과 사역자들이야말로 진리의 보루이며 파수꾼이다. 따라서 그들은 모두 복음에 합당한 자질을 갖춰야 한다. 그뿐 아니라, 경건의 비밀을 힘써 지키고 가르치며 선포하는 일에 열심을 내야 한다.

03

너, 하나님의 사람아!

디모데전서 5~6장 주해와 적용

디모데전서 5장과 6장은 보통 '목회서신'이라고 부르는 디모데전후서와 디도서의 일부분이다. 이 서신들은 형식적으로는 사적인 서신처럼 보이지만, 내용상으로 당시 대두되던 이단들에 대한 경계, 교회의 조직과 감독, 교인들을 향한 다양한 권면 등 전반적으로 교인들의 교회 내외 생활과 관련된 다양한 목회지침을 담고 있기에 목회서신으로 분류된다. 특히 그 중에서 디모데전서는 디모데 개인과 관련해 하나님의 사람으로서 "믿음의 선한 싸움"(딤전 1:18; 6:12)을 싸울 것을 말하고, 교회 전체와 관련해 "하나님의 집에서 어떻게 행하여야 할 것"(딤전 3:15)인가를 다룬다.

그렇다면 이런 목회서신과 디모데전서의 일부인 디모데전서 5~6장은 구체적으로 무엇을 말씀하는가? 디모데전서 5장과 6장의 내용을 한마디로 요약하면, "하나님의 사람"(딤전 6:11)이 가야할 길이다. 물론 여기서 하나님의 사람은 좁게는 디모데(딤전 6:11)를 지칭하나, 넓게는 하나님을 믿는 모든 성도들(딤전 5:5, 16, 17; 6:1, 17)을 말한다. 바울은 본문 말씀을 통해 믿음의 아들 디모데(딤전 1:2, 18; 딤후 1:2)가 하나님의 사람으로서 어떤 길을 가야 하는지 구체적으로 제시한다.

본문의 내용과 구조

먼저 디모데전서 5장은 하나님의 사람이 다른 성도들을 어떻게 대해야 하는지를 말하는 것으로 시작한다(5:1~4). 그리고 이어서 당시 교회 안에 있던 성도들 중에 가장 연약한 그룹에 속한 과부들이 가야 할 길을 제시함으로써, 하나님의 사람들이 어떤 길을 가야 하는지 말한다(5:5~16). 5장의 나머지 부분은 하나님의 사람들이 장로와 관련된 문제들을 어떻게 다뤄야 하는지를 언급한다.

디모데전서 6장은 앞부분에서(6:1~2) 당시 교회에 속한 하나님의 사람들 중에 사회적으로 가장 낮은 그룹에 속한 종의 예를 통해 하나님의 사람이 다른 사람을 어떻게 대해야 하는지를 말함으로써, 바울이 디모데전서를 통해 전하려 한 본론적인 내용을 마무리한다.

그리고 이어서 디모데전서 전체의 결론이 시작된다. 결론은 넓은 의미에서 볼 때 같은 내용들이지만, 다음과 같이 세 부분으로 나눠 같은 내용을 반복함으로써 하나님의 사람이 가야 할 길을 분명히 보여 준다.

첫째, 지금까지 논의된 하나님의 사람이 가야할 길에 대해 "예수 그리스도의 말씀과 경건"(6:3)에 관한 교훈에 착념해야 하며, 이를 위해 세상 것들에 대한 욕심을 버리고 "지족하는 마음"(6:6)을 가져야 한다고 정리한다.

둘째, "예수 그리스도의 말씀" 대신 "의와 믿음과 사랑과 인내와 온유"를 말함으로써 하나님의 사람들이 경건과 더불어 착념해야 할 예수 그리스도의 말씀이 구체적으로 어떤 내용인지를 언급한다. 덧붙여 하나님의 사람이 앞서 언급된 길을 가야 하는 이유를 만왕의 왕이신 하나님의 나타나심(6:15)을 통해 제시한다.

셋째, 부자들을 예로 들면서, 다시 한 번 하나님의 사람은 지킬 것을 지키고 피할 것은 피하라며 대단원을 마무리한다.

그렇다면 위의 내용들을 통해 어떤 설교 포인트를 얻을 수 있을까?

다른 사람을 대하는 태도(5:1~6:2)

첫 번째 설교 포인트는 하나님의 사람들이 교회 현장에서 성도들을 어떻게 대해야 하는가를 구체적으로 제시하는 것이다. 이에 대한 본문의 메시지는 다음과 같다.

먼저, 하나님의 사람은 꾸짖지 말고 권해야 한다. 5:1에서 "늙은이를 꾸짖지 말고 권하되 아비에게 하듯 하며"라고 말한다. 여기서 '권하되'는 헬라어로 '파라칼레이'인데, '부르다', '요청하다', '권고하다', '격려하다'라는 뜻이고 '파라칼레오'의 2인칭 단수 명령형이다.

다시 말해 성도들은 다른 사람들을 대할 때, 특히 자신보다 나이가 많은 사람들을 대할 때는 교회에서 자신의 직책이 무엇이든지 꾸짖어선 안 된다. 그리고 해야 할 말을 요청하고 권고하는 형태로 부드럽게 대해야 한다. 모든 성도들은 예수 안에서 서로 형제고 자매며 한 가족이기에, 이상적인 가족관계 속에서 상상할 수 있는 것처럼, 폭력적이고 공격적인 말이 아닌 부드러운 권고와 요청의 형태를 취해야 한다.

이런 사실은 최근 담임 목사의 세대 교체로 빚어지는 교회 내의 여러 가지 갈등 관계의 해결에 적절한 메시지를 제공한다. 교회는 누가 뭐라고 해도 사랑이신 하나님(요일 4:8)을 믿고 따르는 공동체로서 무례히 행치 않는 사랑(고전 13:5)의 속성을 따라 부드럽게 권하는 태도를 취해야 한다. 이것은 선택의 문제가 아니라, 앞의 명령형인 '파라칼레이'가 보여 주는 것처럼 하나님이 바울을 통해 주시는 명령이다. 따라서 교회의 직분이 무엇이든지 간에 다른 사람들을 대할 때는 꾸짖는 태도를 버리고 권하고 격려하는 태도를 취해야 한다.

둘째, 하나님의 사람은 다른 사람들을 경대해야 한다. 본문은 이런 사실에 대해 다양한 예를 들어 설명한다. 먼저 5:3에서 "과부를 경대하라"고 말하고, 17절에서 장로를 "존경할 자"로 언급하며, 6:1에서 좋은 상전을 "공경할 자"로 알아야 한다고 말한다. 교회 안에서 직책이 무엇이든지(장로), 사회적 관계가 어떠하든지(상전), 성도들의 형편이 어떠하든지(과부) 하나님의 사람들이 서로를 향해 취해야 할 태도는 경대라는 것이다. 여기서 앞의 3절에서 '경대하라'(티마)는 말은 '공경하다, 값을 매기다, 귀히 여기다'를 의미하는 '티마오'의 2인칭 단수 명령형이다.

그리고 17절의 존경과 6:1의 공경은 모두 '가격', '존귀', '존경', '귀함', '보배'를 의미하는 '티메'로서 앞서 언급한 동사 '티마오'의 명사형이다. 결국 '경대하라'는 말은 존경하고 공경하며 보배처럼 귀하게 여기라는 뜻이다. 하나님의 사람들은 다른 성도들을 보배처럼 귀하게 여기고 경대해야 한다.

이런 메시지는 오늘날 성도들에게 너무나 절실히 요청된다. 특히 대형화를 지향하며, 성도가 성도를 잘 알지 못하는 현대 교회에서 적절히 적용될 수 있는 말씀이다. 자신이 하나님의 사람으로서 귀한 것처럼, 주차장에서 만난 성도도 역시 존경받을 가치가 있는 하나님의 사람이다.

셋째, 하나님의 사람은 다른 이웃들을 돌봐야 한다. 바울은 이런 사실을 다음의 예를 들어 제시한다. 먼저 본문 5:4과 8절을 통해 가족이나 친족의 돌봄을 명령하고, 16절을 통해 이를 좀 더 확대해 친척을 돌보라고 말한다. 또 10절에서 과부의 예를 통해 "나그네를 대접하며 혹은 성도들의 발을 씻기며 혹은 환난 당한 자들을 구제하며"라고 말함으로써 하나님의 사람은 가족과 친척을 넘어 이웃들을 돌봐야 한다고 말한다.

이런 사실은 전통적인 가족제도가 붕괴되고 철저히 핵가족화 내지 개인주의화 되어 가는 사회 현실과, 경제적으로 양극화되고 있는 성도들의 형편과, 이를 넘어 도시 교회와 농어촌 미자립 교회의 돌봄의 문제에 이르기까지 현대 기독교인들에게 여러 각도에서 다양한 메시지를 제공해 준다.

과부들이 가야할 길(5:5~10)

두 번째 설교 포인트는 당시 교회 공동체에 속한 사람들 중에 가장 어려운 형편에 있던 '과부'의 예를 통해 하나님의 사람들이 걸어가야 할 길을 구체적으로 제시한다.

여기서 과부란 남편이 없을 뿐 아니라 아무도 돌봐 줄 사람이 없는 경우를 말한다. 과부는 스스로 자신을 돌봐야 하고 자식이 있으면 그 자식까지 돌봐야 했다. 남편도 없고, 특별히 도와줄 사람도 없었기 때문에 여러모로 삶이 궁핍할 수밖에 없었다. 그러나 본문은 이런 과부라 할지라도 그녀가 하나님의 사람으로서 다음과 같은 길을 가야 한다고 말한다. 그러면 과부는 어떤 길을 가야 하는가?

먼저, 하나님께 소망을 두어야 했다(5:5). 현실적으로 어떤 도움의 손길도 기대하기 어려웠던 과부가 하나님께 소망을 두는 것은 당연한 일이다. 그러나 이것은 당시의 과부뿐만 아니라 덧없는 세상에서 영생을 위한 진정한 도움을 기대할 수 없는, 하나님의 모든 사람들이 가야 할 길이다. 하나님은 사람들의 유일하고 궁극적인 소망이다.

둘째, 주야로 항상 기도해야 했다(5:5). 과부는 마땅히 도와줄 사람이 없어서 자신의 생계를 자신이 책임져야 했기에 다른 사람들에 비해 한가하지 않았다. 그러나 교회가 인정하는 과부가 되기 위해 바쁜 중에도 항상 기도함으로써 기도의 모범을 보여야 했다. "게으름을 익혀 집집에 돌아다니고 게으를 뿐 아니라 망령된 폄론을 하며 일을 만들며 마땅히 아니할 말을"(5:13) 해서, 교회가 인정하지 않던 젊은 과부와 달리 참 과부는 망령되고 헛된 길을 버리고 오직 기도에만 힘써야 했다. 이처럼 모든 일을 스스로 해결한 과부가 항상 기도에 힘써야 했다면, 하나님의 평범한 사람들은 얼마나 기도에 힘써야 할까?

셋째, "자녀를 양육하며 혹은 나그네를 대접하며 혹은 성도들의 발을 씻기며 혹은 환난 당한 자들을 구제"(5:10)하는 등 선한 일을 해야 했다. 오늘날도 과부가 자녀를 양육하는 일은 그리 쉬운 일이 아니다. 따라서 자녀를 버리거나 집을 나가는 부모들도 더러 있다. 그러나 당시 교회가 인정하는 하나님의 사람인 과부는 자녀를 잘 양육해야 하고, 지나가는 나그네를 대접해야 했다. 그뿐 아니라 다른 사람의 발을 씻기는 것과 같은 겸손하고 헌신적인 봉사를 해야 하고, 환난 당한 자가 있으면 구제의 손길을 아끼지 말아야 했다.

자신만을 돌보기에도 힘겨워 보이는 불쌍한 과부에게 너무 과중한 일들이지만, 교회가 인정하는 과부, 즉 하나님의 사람이 되기 위해 마땅히 가야 할 길이었다. 그렇다면 당시의 과부보다 여러모로 형편이 나아 보이는 현대 그리스도인들은 자신이 하나님의 사람이라는 것을 보여 주기 위해 어떤 선한 일을 얼마나 더 해야 할까?

직분자의 안수와 치리(5:17~25)

세 번째 설교 포인트는 교회의 직분자 중에 장로의 예를 통해 하나님의 사람이 가야 할 정도를 벗어났을 때의 처리 방법과 그런 사건에서 배울 수 있는 교훈을 제시한다.

먼저, 본문은 직분자를 세우기 위해 "아무에게나 경솔히 안수하지 말라"(5:22)고 한다. 여기서 '안수하다'라는 말은 '에피티쎄미'로 '위에 놓다', '얹다', '안수하다' 등을 의미한다. 문맥상 장로의 안수를 말하지만 일반적으로 교회의 직분자를 세우는 모든 경우에 적용할 수 있다.

여기서 주의할 점은 직분자를 세울 때 경솔히 안수해서는 안 된다는 것이다. '경솔히'는 헬라어로 '타케오스'며 '신속하게', '빨리', '성급히', '서둘러'라는 의미다. 직분을 받을 사람이 직분에 걸맞게(예: 감독-딤전 3:1~7; 집사-딤전 3:8~13) 잘 준비되어 있다면 언제라도 가하지만, 그렇지 않다면 서둘러 성급하게 안수해서는 안 된다는 의미다. 현대 교회가 직분자를 세우는 일에 경솔히 안수하는 일은 없는지 주의 깊게 살펴봐야 한다.

둘째, 경솔히 송사받아서는 안 된다. 직분자는 경솔히 안수해서도, 이미 안수받은 직분자를 경솔히 정죄해서도 안 된다. 따라서 본문은 장로의 송사에 대해 누가 봐도 합법적인 '두세 증인'(5:19)을 요구한다. 또 사람들의 죄의 실상이 드러나는 것은 시간적 간격이 있을 뿐 모든 것들의 실상을 숨길 수 없기에(5:24~25) 다른 사람의 죄에 간섭할 필요마저 없다고(5:22) 한다. 이런 사실은 자신의 죄에 대해서는 매우 너그럽지만, 다른 사람들의 죄는 너무 쉽게 판단하고 비판하는 현대 그리스도인들의 판단 양태에 시사하는 바가 적지 않다.

셋째, 판결은 공정해야 한다. 그래서 바울은 디모데에게 "너는 편견이 없이 이것들을 지켜 아무 일도 편벽되이 하지 말며"(5:21)라고 말한다. 여기서 편견이란 선입견을 의미한다. 또 '편벽되이'라는 말은 헬라어로 '카타 프로스클리신'이며 '경향에 따라서', '성향에 따라서'라는 의미를 갖고 있다. 즉 판결은 판단하는 자의 편견이나 선입견에 좌우되거나, 판단자가 가진 성향이나 경향, 입장에 영향을 받아서는 안 된다.

이런 사실은 교회나 교계 내의 문제들은 물론이고 사상적 경향, 지연, 학연, 소유 여부에 따라서 모든 판단 기준이 좌우되는 사회 현실에 아무런 영향력이나 기준도 제공하지 못하는 오늘의 교계 현실에 호소하는 바가 크다.

넷째, 드러난 범죄는 확실히 꾸짖어야 한다(5:20). 범죄가 드러나기 전까지는 신중하고 공정하게 처리하고 조급히 판단해서는 안 되지만, 명백히 드러난 범죄는 감추거나 적당히 처리하면 안 된다. 똑같은 범죄가 되풀이 되거나 다른 사람이 따라 행하지 않도록 모든 사람들 앞에서 확실히 꾸짖어야 한다는 말씀이다.

하나님의 사람이 가야 할 길(6:11~16)

네 번째 설교 포인트는 '하나님의 사람'(6:11)이 가야 할 길을 제시한다. 물론 이 본문에만 해당하는 내용은 아니며, 디모데전서 전체 또는 목회서신 전체가 말하려는 내용이다. 그러나 본문이 이런 사실을 함축적으로 잘 정리하고 있으므로 본문을 통해 하나님의 사람이 가야 할 길을 제시하는 것도 의미 있어 보인다. 그렇다면 본문을 통해 제시된 하나님의 사람이 가야 할 길은 무엇인가?

첫째, '좇아가는 길'이다. 본문 11절은 "의와 경건과 믿음과 사랑과 인내와 온유를 좇으며"라고 말씀한다. 하나님의 사람이 가는 길은 항상 좇아가는 것이다. 물론 여기서 좇는 대상은 의와 경건과 믿음과 사랑과 인내와 온유다. 다른 말로 표현하면 "바른 말 곧 우리 주 예수 그리스도의 말씀과 경건에 관한 교훈"(6:3)이고, 또 바울이 디모데에게 "부탁한 것"(6:20)이다.

'좇다'라는 말은 '디오코'로 단순히 좇는 의미 외에 '패주시키다', '추격하다', '박해하다', '갈망하다'라는 의미를 갖는다. 즉 단순히 좇는 것이 아니라, 좇는 대상을 끝까지 추격해 패주시키고 박해하는 것처럼 철저히 좇는 것을 의미한다. 그래서 성경의 다른 부분들은 때로 좇는다는 말 대신에 '착념하다'(6:3), '지키다'(6:20), '싸움을 싸우다'(6:12) 등 다른 말로 그 의미를 표현한다. 결국 하나님의 사람이 추구하며 가야 할 길은 하나님이 성경을 통해 제시하시는 모든 바른 말씀을 따라 철저히 순종하며 경건한 삶을 사는 것이다.

둘째, 하나님의 사람이 가야 할 길은 '피하는 길'이다. 앞서 언급했듯이 좇아야 할 것은 좇고, 나머지는 피해야 한다. 그래서 본문 11절에서 "이것들을 피하고"라고 말씀한다. 여기서 '이것들'이란 "예수 그리스도의 말씀과 경건"(6:3)에 반대되는 모든 것들을 말한다. 다시 말해 "망령되고 허탄한 신화"(딤전 4:7), 교만하고 변론과 언쟁을 좋아하는 것, 투기와 분쟁과 훼방과 악한 생각을 하는 것 등이다(6:4).

'피하다'라는 말은 '퓨고'로 '도망하다', '달아나다', '없어지다'라는 뜻이다. 다시 말해, 하나님의 말씀과 다른 생각과 행동에 동조하는 것은 물론 타협과 협상도 하지 말고 그 자리를 피해 달아나야 한다는 뜻이다. 본문의 이런 메시지는 넘쳐나는 세속화의 물결 속에서 방향 감각을 잃고, 여러 가지 면에서 동조와 타협의 길을 모색하고 있는 오늘날 교회와 성도들에게 강력한 하나님의 뜻을 전달하는 것처럼 보인다.

경건의 길(6:3~16)

다섯 번째 설교 포인트는 경건이다. 경건은 디모데전서 전체에 걸쳐서(2:2; 3:16; 4:7, 8; 6:3, 5, 6, 11) 나타나는 주제로, 바울이 믿음의 아들 디모데에게 기대했던 하나님의 사람의 전형적인 삶의 모습이다. 바울은 특히 디모데전서의 결론 부분인 본문에서 경건이라는 말을 4회 반복하여 사용함으로 하나님의 사람이 가야 할 삶의 모습에 경건이 그 중심에 놓여 있음을 암시한다.

그렇다면 본문에서 말하는 경건이란 무엇인가? 한마디로 '하나님을 바르게 섬기는 것'이다. 하나님이 보시기에 옳게, 좋게 하나님을 공경하며, 하나님의 뜻대로 사는 것이다. 왜냐하면 본문의 '유세베이아', 즉 '경건'이라는 말은 '옳게', '좋게'를 의미하는 '유'와 '경배하다', '공경하다'를 의미하는 '세보'라는 말에서 왔기 때문이다.

당시 에베소 교회에는 성도들의 경건한 삶을 방해하는 사람들이 있었다. 그들은 "망령되고 허탄한 신화"(4:7)와 "끝없는 족보"(1:4) 이야기를 만들어내는 이단들과 유대인들이었다. 그들은 근거 없는 족보와 허황되지만 흥미를 돋우는 헛된 이야기들로 성도들의 경건생활을 방해했다. 그리고 온갖 다툼과 분쟁을 야기했다.

그러나 성도들은 이생과 내생의 약속을 얻고(4:8), 재림하실 예수 그리스도(6:14)와 나타나실 만왕의 왕이신 하나님(6:15)을 만나기 위해서 경건의 길을 가야 한다. 좌로나 우로나 치우치지 않고 오로지 경건의 길로만 나아가야 한다. 아무리 사소한 일이라도 하나님을 먼저 생각하고 공경하는 마음으로, 하나님의 뜻대로 처리해야 한다.

경건을 위한 마음가짐(6:6~10)

하나님의 사람의 경건한 삶과 더불어 간과할 수 없는 또 하나의 설교 포인트는 자족하는 마음이다. 즉 경건한 삶을 위해 자족하는 마음이 꼭 필요하다는 말씀이다. 따라서 본문은 "지족하는 마음이 있으면 경건이 큰 이익이 되느니라"(6절)고 말씀한다. 여기서 '지족'은 '자족'을 말한다. 모든 일에 하나님을 바르게 섬기는 경건한 삶을 살기 위해 자족하는 마음이 꼭 필요하다.

그래서 바울은 본문 10절에서 "돈을 사랑함이 일만 악의 뿌리가 되나니 이것을 사모하는 자들이 미혹을 받아 믿음에서 떠나 많은 근심으로써 자기를 찔렀도다"라고 말씀한다. 경건의 길을 가려는 자는 세상 것들을 향한 모든 욕심을 버리고 자족의 마음을 유지해야 한다. 하나님을 바르게 섬기는 일 외에 자신의 소유 유무 등에 지나친 관심을 쏟는다면, 하나님의 사람이 가야 할 경건의 길을 벗어날 가능성이 높다. 오늘날 한국 교회가 속한 자본주의 사회에서 성도가 자족하는 마음을 갖기란 쉽지 않아 보인다.

이 세대의 부한 자들(6:17~19)

마지막으로 간과할 수 없는 설교 포인트는 이 세대의 부한 자들을 위해 준비된 말씀이다. 바울은 디모데전서의 결론 부분을 마무리하면서, 시종일관 주장해 온 '하나님의 사람이 가야 할 길'의 구체적인 예로 부자에 대한 말씀을 제시한다. 부자가 하나님의 사람으로서 재물을 어떻게 다뤄야 하며, 실생활에서 경건한 삶의 모습을 구체적으로 어떻게 보여 줘야 하는지를 말하려는 것이다. 그렇다면 부자는 하나님의 사람으로서 어떻게 살아야 하는가?

먼저, 부자는 교만한 마음을 가져서는 안 된다. 왜냐하면 "이 세대에 부한 자들을 명하여 마음을 높이지 말고"(17절)에서 '마음을 높이지'에 해당하는 헬라어 '휩셀로프로네인'은 '교만하다', '자랑하다'는 의미기 때문이다.

둘째, 재물에 소망을 두어서는 안 된다. 바울은 17절에서 "정함이 없는 재물에 소망을 두지 말고"라고 말씀한다. '정함이 없는'이라는 말은 '불확실함'을 표현한다. 재물은 있다가도 없어지는 불확실한 것이라는 뜻이다.

셋째, 하나님께 소망을 두어야 한다. 왜냐하면 하나님만이 우리에게 모든 것들을 후히 주시고 누리게 하실 수 있기 때문이다(6:17).

넷째, 하나님의 사람은 재물로 선한 일을 해야 한다. 본문 18절에서 "선한 일을 행하고 선한 사업에 부하고 나눠주기를 좋아하며 동정하는 자가 되게 하라"고 말씀한다. 하나님의 사람은 시험과 올무와 여러 가지 어리석고 해로운 정욕에 떨어지게 할 수 있는(6:9) 가진 재물에 대해 족한 줄 알아야 하며(6:8), 그 재물로 가능한 여러 가지 선한 사업을 펼쳐야 한다.

맺는 말

하나님의 교회를 바르고 튼튼하게 세우고 또 하나님의 사람으로서 가야 할 정도(正道)를 가기란 쉽지 않다. 왜냐하면 어제나 오늘이나 각종 세속적인 것들과 이단들은 도전을 멈추지 않기 때문이다. 특히 지도자가 에베소 교회의 디모데처럼 구성원들에 비해 연소하다면 더욱 쉽지 않다. 그러나 지도자가 연소할지라도 말과 행실과 사랑과 믿음에서 본이 된다면 교회는 바르게 세워질 것이다.

따라서 바울은 믿음의 아들 디모데가 에베소 교회를 바르게 세우고 돌볼 수 있도록 돕기 위해 하나님의 사람이 마땅히 가야 할 길을 제시한다. 그것은 한마디로 예수 그리스도의 말씀과 경건에 관한 교훈에 착념해 살아가는 일이다(6:3). 좀 더 자세히 말하면, 지킬 것은 지키고 피할 것은 피하는 일이다. 하나님의 사람은 교회를 바르게 세우고 하나님을 바르게 공경하기 위해 예배와 삶의 모든 영역에서 하나님의 사람으로서 마땅히 가야 할 길, 즉 경건의 길을 가야 한다.

끊임없이 밀려오는 세속화의 물결과 이단을 넘어 종교다원주의라는 질풍노도 속에서 바른 방향을 잡아가야 하는 현대 교회와 오늘을 사는 성도들에게 디모데전서 5~6장이 제시하는 하나님의 사람이 가야 할 길, 즉 경건의 길은 하늘에서 내려오는 구원의 메시지임이 분명하다.

"디모데야 네게 부탁한 것을 지키고 거짓되이 일컫는 지식의 망령되고 허한 말과 변론을 피하라 이것을 좇는 사람들이 있어 믿음에서 벗어났느니라 은혜가 너희와 함께 있을지어다"(6:20~21).

일꾼의 삶의 방식

디모데후서 1:1~3:9 주해와 적용

인사(1:1~2)와 감사(1:3~5)

다른 서신들과 마찬가지로 디모데후서도 바울의 사도 됨에 대해 언급하면서 시작한다. 그러나 디모데전서 1:1은 하나님(개역성경은 그리스도 예수)의 명령에 따라 사도가 되었다고 기록하지만, 디모데후서 1:1에서는 하나님의 뜻(고전, 고후, 엡, 골 등 대부분의 바울서신처럼)에 따라 사도가 되었다고 하는 점이 다르다. 그리고 디모데전서 1:1에는 없는 "그리스도 예수 안에 있는 생명의 약속에 따라"(딤후 1:1)라는 부분이 그의 사도 됨의 두 번째 근거로 추가된다. '생명의 약속'은 디모데전서 4:8에서는 이생과 내생의 약속이므로 현재와 미래에 모두 해당한다고 볼 수 있다.

1:2은 서신의 시작에 나오는 일반적인 특징인 인사말에 해당하는데 디모데전서와 같다. 그러나 "믿음 안에서 참 아들"(딤전 1:2)이라며 교회 앞에 공표해야 할 관계가 아니라 "사랑하는 아들"(딤후 1:2)로 자신과 개인적 관계가 강조된다는 점이 다르다. 그리고 헬라 문화에서 편지는 수신자의 건강과 안녕(요이 3절처럼)을 기원하는 기도로 시작하는 것이 보통인데, 3~5절(긴 한 문장이다)은 이것을 기독교적 감사와 축복으로 승화시킨 모습으로 나타난다.

3절의 '밤낮 간구하는 가운데'에서 우리는 사도 바울의 정기적인 기도 습관을 엿볼 수 있다. 그의 기도생활은 정기적이었을 뿐 아니라, 쉬지 않고 끊임없이 지속적이었다. 이것을 통해 우리는 일꾼의 기도생활의 본에 대해 설교할 수 있다. 그 기도는 감사(3b절)와 소원(4절, 너 보기를 원함)을 아뢰는 두 가지로 구성된다. 이것은 지도자의 기도생활 방식이라는 또 다른 설교 주제를 제공한다.

3절과 5절은 디모데의 믿음의 뿌리를 언급하는데, 4절은 그의 과거의 충성스러움을 엿볼 수 있고 5절은 그의 믿음을 확신케 한다. 본서의 목적은 디모데에게 고난 중에도 충성스러움과 견고함을 유지하라는 격려인데, 5절에 나타나 있다. 여기서 거짓 없는 믿음이란 진실함과 신실함을 말하며, 디모데전서 1:5에서 바울이 거짓 선생에 대해 경계하며 참된 주의 종이 가져야 할 신앙의 본질로 제시했던 것이다. 이는 디모데의 경우 조상 때부터 계속 내려온 믿음으로서, 바울은 그것을 믿음의 출발 곧 도움닫기의 틀로 삼으라고 한다.

이처럼 사람을 격려할 때 어떤 확신에서 출발하는 것이 필요하다. 바울은 이런 믿음의 유산이 디모데 속에 있음을 확신한다(5b절)며 격려한다. 지도자가 상대를 믿지 못하고 확신을 갖지 못한다면 진정한 격려는 불가능하다. 이런 내용을 기초로 격려사역의 방법에 대해 설교할 수도 있을 것이다.

고난 중에도 충성할 것(1:6~14)

또 시각을 바꿔 1:6~14을 통해 '고난에도 불구하고 충성할 것'에 관한 권면을 다룰 수도 있다. 이 주제를 더 큰 단락 속에서 다루고 싶다면, 1:6~2:13에서 거짓 교사들의 증가와 바울의 투옥으로 인해 흐트러짐에도 불구하고 견고하며 충성하라는 권면과 적용을 다룰 수 있다. 이때 그 일을 감당할 힘은 처음 6~7절과 마지막 부분인 13~14절에서 보듯이 성령님 때문에 가능함을 언급할 수 있다.

8절에서는 (십자가의) 그리스도 혹은 (투옥된) 바울을 부끄러워하지 말고, 오히려 나(바울)처럼 고난에 동참하라고 도전할 수 있다. 바울이 그렇게 말할 수 있는 이유는 9~10절에서 보여 주듯이 복음이 얼마나 대단한 것인지를 잘 알기 때문이다. 다음에 15절에서 바울을 버린 자들과, 16~18절에서 바울을 부끄러워하지 않은 자들의 사례를 제시할 수 있다. 이어서 2:1~13을 통해 견고함을 잃지 말 것을 다시 촉구하며, 고난에 동참할 것을 강조하는 본문의 구조를 살려 설교하면 좋다.

1. 복음과 함께 고난을 받으라(1:6~9)

석의에 근거하지만 어떤 주제에 대해 좀 더 깊이 설교하기를 원한다면 1:6을 통해서는 '낙망한 자를 회복시키는 길'이라는 주제를 선택할 수도 있다. 여기서 바울은 역경 속에서 낙망할 수 있는 디모데에게 힘을 불어넣어 주기 위해 안수 받을 때를 회상하라고 권면한다. 주목할 것은 지치고 낙심한 종에게 불을 지피기 위한 비결 자체에만 관심을 가질 경우, 6절을 피상적으로 잘못 읽어 오해를 불러일으킬 수도 있다는 점이다.

이 말씀에서 중요한 것은 사도의 안수 행위 자체(나의 안수함으로)가 아니라 디모데에게 '생각하게' 하는 것이다. 이때 '나의 안수함'은 디모데에 대한 바울의 개인적이고 사도적인 특별 안수가 아니라, 디모데전서 4:14에서 보듯이 장로의 회에서 안수받은 사건의 일환이다. 물론 이때 여러 선임 사역자들의 안수식에서 사도 바울도 안수하며 예언으로 지도했을 것(딤전 1:18; 4:14b 참고)이다.

그러므로 복음사역을 위해 세움받은 디모데를 다시 새롭게 하는 길은 안수받을 때 하나님께서 주신 은사를 불일듯하기 위해서 다시 '깊이 생각해 보기'가 중요하다. 여기서 '생각함'은 3절에서는 바울이 기도할 때마다 생각한 것이고, 4절에서는 그의 눈물을 생각한 것이며, 5절은 거짓 없는 믿음을 생각한 것이다.

그런데 이제 6절에서 이 단어를 네 번째로 사용하며 디모데에게도 이런 사실을 지속적으로 생각해 볼 수 있도록 이끈다. 즉 지금 바울이 안수함으로 디모데에게 은사를 불일듯하려는 것이 아니라, 그 은사는 과거에 안수받을 때 이미 받아 그의 속에 있는 것이다. 그리고 이제 그것을 다시 불이 일듯하기 위해서 깊이 그 사실을 생각해 보는 것이 중요하다는 것이다. 여기서 우리의 일반적인 관념과 달리 깊이 생각함이 사역임을 가르칠 수 있다.

다음 구절인 1:7에서 '사역자의 능력 근거'라는 주제를 다룰 수도 있고, '지도자와 카리스마'라는 제목으로 설교할 수도 있다. 앞서 6절에서 지적한 것처럼, 사역을 위해 한 사람이 세워질 때 그가 받은 하나님의 은사는 무엇일까? 그것이 바로 7절에서 보여 주려는 내용이다. 6절에 따르면 사역의 근거는 하나님께서 주신 은사였다. 여기서 은사는 헬라어로 '카리스마'다.

주님의 모든 일꾼은 부르심과 소명의 순간에 은사를 받았으며 그것이 '카리스마'지, 세상이 말하는 카리스마를 새로 받아야 하는 것이 아니다. 사역을 위해 하나님이 은혜로 주신 선물, 곧 '카리스마'를 살려서 그것으로 일해야 한다. 이 사실을 분명히 아는 사람은 사역과 봉사에서 두려워할 필요가 없다.

두려움은 지도자의 적이다. 바울은 이런 점을 근거로 디모데에게 소심할 ('데일리아스'는 두려움이라는 뜻도 되지만 소심함이라는 뜻도 된다) 필요도 두려워할 필요도 없다고 격려한다. 왜냐하면 하나님께서 하나님의 사람들에게 주신 것은 두려워하는 마음이 아니라, 능력과 사랑과 근신하는 마음이기 때문이다. 그러므로 이 구절에서 '리더십의 적, 두려움' 혹은 '일꾼이여, 소심증을 극복하라'고 설교할 수 있다.

한 가지 더 지적하자면 이 구절에서 개역성경이 '마음'으로 번역한 것은 '프뉴마'인데, NIV나 NRSV는 '영'(소문자 spirit)으로 번역했다. 하지만 바울서신에 나타난 일반적 용례로 볼 때 성령(대문자 Spirit)[1]으로 번역할 수도 있다. 그런 경우 주님께서 일꾼을 세우시고 안수를 받을 때 우리는 두려워하는 영이 아니라, 능력과 사랑과 근신의 성령을 받았다는 것이다. 따라서 (8절의 그러므로) 우리는 이런 '하나님의 능력을 좇아(8절)' 기꺼이 사명을 감당하고 심지어 고난까지 두려워하지 않고 받을 수 있다는 것이다.

1:8에서 '일꾼에게 요구되는 두 가지'란 제목으로 설교할 수 있다. 이 구절

에서 두 가지 명령, 즉 부정적으로는 '나를 부끄러워 말라'는 것과 긍정적이거나 능동적으로는 '복음과 함께 고난을 받으라'는 내용으로 구성되어 있다. 부끄러워 말라는 말은 창피하게, 수치스럽게 생각하지 말라는 뜻이다. 그런 태도는 7절에서 말하는 두려워하는 영, 소심함에서 나오는 것이다. 반면에 하나님의 능력과 하나님께서 주시는 영에 의해 움직이는 주의 종은 복음을 위해(개역성경은 '복음과 함께'로 번역했다) 함께 고난을 겪을 수(바울과 고난에 동참할 수) 있다.

또한 이 구절은 여러 가지 중요한 설교 주제를 제공한다. 8a절에서 디모데를 향한 바울의 권면은 모든 그리스도인들에게 도전하는 것이지만 단순히 '나를 부끄러워하지 말라'는 말이 아니다. 바울은 죄를 지어 정부 당국에게 투옥당한 죄수가 아니라, 그리스도를 위해(자발적인 '주의 증거와 또는 주를 위해') 갇혔음을 분명히 한다.

헬라어로 바울은 자신을 제국의 죄수가 아니라, '그분의 죄수'(his prisoner, 데스미온 아우투), 즉 '그리스도의 포로'라는 매우 단순하고도 분명한 표현을 쓴다. 개역성경의 '주를 위하여 갇힌 자 된 나'라는 표현은 너무도 설명적이고 변명적이다. 그렇게 변론할 필요가 없다. 무엇 때문에 갇혔다고 굳이 변론할 필요가 없다. 그는 단지 주님의 포로일 뿐이다. 그렇다. 그는 그리스도의 포로지 절대로 나라의 죄수가 아니다. 이런 당당함이 있을 때 우리는 복음과 함께 고난을 받을 수 있는 것이다. 설교에서 적용적으로 '나는 누구의 포로인가? 세상의 포로인가, 그리스도의 포로인가?'를 도전해야 한다.

2. 일꾼에게 요구되는 세 가지 충성(1:9~14)

1:9~14을 본문으로 '일꾼에게 요구되는 세 가지 충성'이라는 주제로 설교할 수 있다. 성경(바울)은 일꾼들(디모데)에게 세 가지 충성을 요구한다. 그리스도(와 그의 복음)에게(9~10절), 리더인 바울에게(우리의 지도자에게 11~12절), 자신의 사역에(13~14절; 딤전 6:20) 대한 충성이다.

또 9~12절에서 '구원과 사명'이라는 주제로 설교할 수 있다. 특히 '하나님이 우리를 구원하사 거룩하신 부르심으로 부르심은'이라는 부분을 '하나님은 우리를 구원하셨다.' 그리고 (개역에선 '카이'가 분명치 않다) '우리를 부르셨다'로 명료화해서 읽으면 시사하는 바가 많음을 알 수 있다.

그리고 '거룩하신 부르심으로 부르심'이라는 부분도 NIV나 NLT처럼 '거룩한 삶으로(holy calling)의 부르심' 혹은 NEB처럼 '거룩한 사람이 되라고'(dative of interest)로 보든지, 아니면 NRSV나 NASB처럼 '거룩한 부르심으로'(dative of means) 부르는 것인지 모호함이 있다. 원문 자체가 셈 언어 구조의 헬라어 번역이라 모호함이 있음을 이해해야 한다.[2] 하지만 분명한 사실은 구원은 거룩한 삶이나 성화로의 부르심이며 이런 소명과 관련이 있다는 것이다. 구원과 부르심은 우리의 행위에 기초한 것이 아니다. 성경은 반복적으로 구원을 하나님의 목적(자기 뜻)과 관련되어 있음을 언급한다.[3]

여기서 '무조건적 선택과 은혜가 무목적을 의미하지는 않는다.' 그리고 '무조건적 은혜는 하나님의 목적과 관계된다'는 점에 근거한 설교를 준비할 수 있다. 특히 11절 '내가 (이 복음을) 위하여 … 세우심을 입었노라(수동형)'라는 부분에서 '목적(복음을 위해)과 소명인식'(직무, 반포자와 사도와 교사)을 다룰 수 있고, 12절에서 일꾼의 태도와 확신을 다룰 수 있다. 태도는 무엇일까? 고난에도 부끄러워하지 않는다(그러니까 디모데 너도 …). 그리고 확신은 다시 두 가지로 구성된다. 첫째, 내가 신뢰하는 자를 나는 안다는 것이고 둘째, 내게 사명(혹은 복음, 바른 교리)을 맡기신[4] 분의 지켜 주심(그날까지)이다.

1:13~14에서 '두 가지 지켜야 할 것'이라는 주제로 설교할 수 있다. 13절에서 믿음과 교리수호 그리고 보호하라는 의미에서 우리가 지켜야 할 것을 다루고, 14절에서 우리에게 맡겨진 사명을 지켜야 함을 강조할 수 있다. '하나님의 보디가드'('지키라'는 영어로 'guard'다)라는 제목으로 흥미롭게 만들 수도 있다.

버린 자와 지킨 자(1:15~18)

1:15~18은 '버린 자와 지킨 자'(15절 vs 16~18절)라는 제목으로 설교할 수 있는 부분이다. 15절은 '다 내게서 떠나가 버렸다'고 한다. 지키지 않고 고난에 동참하지도 않고 떠난 사람들을 다루는데, 4:10~11의 내용과 함께 생각해 볼 수 있다. 이때 '다'로 표현한 것은 사도의 마음에 그것이 큰 상처였음을 엿볼 수 있다. 이 부분은 '나를 버린 자와 나를 찾아 준 자'로 표현할 수도 있다. 필자는 설교할 때 성도들에게 15절과 같은 일에 이름을 올리는 사람이 없기를 권면하고, 16절의 오네시보로처럼 그 이름이 기억될 수 있기를 축복한 적이 있다. 석의 측면에서 17절의 '로마에 있을 때에 나를 부지런히 찾아 만났다'는 부분의 해석이 쉽지 않다.

18절(그날에 주의 긍휼을 얻게 하소서)은 로마 가톨릭 교회에서 죽은 자를 위한 중재기도에 대한 유일한 근거 구절로 삼는[5] 부분이다. 그런데 '로마에 있을 때'의 로마(Ῥώμη)라는 단어를 지명 로마로 읽지 않고 힘이란 의미로 읽으면,[6] 17절은 '그가 힘을 내서 나를 찾아 만났다'가 되어 가톨릭적 해석의 문제를 피할 수는 있게 된다. 그러나 이것은 디벨리우스가 지적한 것처럼 여러 가지로 무리한 해석법이고 이 한 구절을 기초로 성경 전체의 가르침과 위배되는 교리를 만들려는 방식 자체를 배격하는 것이 더 낫다.

일꾼의 삶의 방식 세 가지(2:1~6)

2:1~6에서 세 가지 비유를 통해 '일꾼의 삶의 방식 세 가지'라는 주제로 설교할 수 있다. 첫째, 3절에서 예수의 좋은 군사가 되기를 다룰 수 있다. 이런 일꾼의 삶의 요건은 자기 생활에 얽매이지 않는 유효성(availability)이고, 그렇게 살 때 삶의 결과는 모집한 자를 기쁘시게 하는 것이다.

둘째, 5절에서 경기장에서 선수와 같은 일꾼의 삶을 다룰 수 있다. 선수의 삶의 방식은 법대로 행하는 것이다. 그런 일꾼의 삶의 요건은 최선과 탁월성이고 그런 삶의 결과는 면류관이다. 주님의 일꾼은 세상의 금관이 아닌 의의 면류관(딤후 4:7~8)을 기대해야 한다. 그런데 규칙 없이는 면류관도 없다. 합법적인 경주를 해야 한다.

셋째, 6절에서 농부 같은 일꾼의 삶을 다룰 수 있다. 그 삶의 방식은 수고함과 땀 흘림 그리고 성실성이다. 그런 삶의 결과는 곡식 곧 열매를 거둠이다. 아무리 씨가 뿌려졌어도 땀 흘리는 수고 없이 수확은 없다. 바울은 모든 사도들보다 더 많이 수고한 자신의 삶(고후 6:5; 고전 15:10; 갈 4:11; 빌 2:16)을 통해, 속에서 능력으로 역사하시는 이의 역사를 따라 힘을 다하여 수고(골 1:29~2:1)한 삶의 모델을 갖고 도전한다. 이처럼 삶의 모델에 기초한 도전이 사람들과 교회를 변화시킬 수 있는 것이 변혁적 리더십이 아닌가?

이 구절에서 일꾼의 세 가지 삶의 방식 외에도 일꾼들이 강할 수 있는 방법에 대해서도 가르칠 수 있다. 1절에서 강하라는 것은 타고난 수줍음을 소유한 사람에게 무조건 강해지라고 요구하는 것이 아니다. 스스로 강해지라거나〈중간태〉이를 악물고 가라는 것이 아니라, '그리스도 예수 안에 있는 은혜를 통하여 강하게 되라'〈단순 수동형〉[7]는 것이 성경의 가르침이다. 사역에 필요한 힘의 자원을 자신의 본성 안에서가 아니라 그리스도의 은혜에서 발견해야 한다.

2:2은 보통 '4대 배가의 비전'이라는 제목으로 많이 설교되는 부분이다. 당시 디모데가 목회하던 교회에는 거짓 선생들의 영향이 컸다. 그들 중에 배교하지 않고 남은 충성된 사람들에게 사도적 가르침을 보존하려는 의도였던 것으로 보인다. 여기서 기대되는 일꾼은 충성된 사람들로 일컬어지며 고린도전서 4:1~2에서 요구되던 사항이다.

이때 중요한 것은 일꾼의 배가만이 아니라 계승되어야 할 메시지다. '내게 들은 바'[8]가 계승되어야 하는데, 1:13에서 네가 '내게 들은 바'(바른 말)였고, 1:12에서는 '나의 의탁한 것'이었다. 이제 그것이 '너의 의탁한 것'이 되어야 하고, 내게 맡겨진 것(1:12, 개역성경은 나의 부탁한 것)은 '네게 맡겨진 진리'(개역성경, 1:14는 네게 부탁한 아름다운 것)가 되어야 한다. 따라서 그 충성스런 사람은 다른 사람들을 가르칠 수 있으며, 2:24에서 '가르치기를 잘하는' 복음사역에 합당한 자들(유능한 교사들)로 반복해 강조된다.

3~6절의 세 비유는 7절에서 다시 '생각하기' 작업으로 마무리된다. 생각하지 않는 신앙은 육적이 될 수 있다. 거짓 영성은 그리스도 안에서의 깊은 숙고 없이 만들어진 것들이다. 그렇다면 무엇을 생각해야 하는가? 바로 바울이 말하는 것 곧 사도적 가르침이다. 7b절에 언급된 하나님께서 주시는 총명을 얻는 방법이 바로 사도의 말을 생각하는 것이다.

묶어도 묶이지 않는 것(2:8~10)

2:8~10은 '묶어도 묶이지 않는 것'이라는 주제로 복음의 핵심과 복음의 사역이 어떤 것인지를 설교할 수 있다. 여기서 소개되는 복음의 핵심은 다윗의 자손인 그리스도, 죽은 자 가운데 부활하신 분, 다시 사심 곧 부활이다. 또 앞서 반복한 '생각하라'(7절)의 발전된 형태인 '기억하라'가 강조된다. 예배하는 것은 기억하는 것이다.[9] 예수 그리스도를 기억하는 것이 기독교의 예배다.

9절에서 이런 복음을 위한 사역의 고통을 숨기지 않고 드러낸다. 복음의 일꾼의 삶을 낭만적으로 멋지게 말하지 않는다. 그것은 고통이다. 그런데 전도자는 묶어둘 수 있어도 하나님의 말씀은 묶이지 않는다.[10] 그 사실에 대한 확신을 가진 사람의 전파와 삶은 능력이 있다. 그렇다면 왜 주님의 일꾼들은 그렇게 살아가는가?

일꾼의 삶의 결과(2:10~13)

2:10~13에서 일꾼의 삶의 방식과 그 결과를 설교할 수 있다. 일꾼의 삶의 첫째 방식은 참음(10절; 휘포메노)이고 그 결과는 영광을 얻는 것이다. 둘째 방

식은 죽음(11절)이며 그 결과는 부활이다. 이는 죽는 것이 생명에 이르는 길이고 고난이 영광에 이르는 길(롬 8:17; 고후 4:17)이라는 바울 사도의 다른 가르침과 같은 것이다. 셋째 방식은 참음(12절; 휘포메노멘)인데 그 결과는 왕 노릇함이다. 넷째 방식은 주님을 부인하지 않음(12절)이며 그런 삶의 결과는 주께서도 우리를 부인하시지 않음이다.

여기서 영광과 부활과 생명은 부인한 자들에게 다가올 심판과 대조를 이룬다. 그것이 바로 복음과 언약의 두 가지 측면인 축복과 심판이다. 우리가 부인하지 않으면 주님께서도 우리를 부인하지 않겠다는 약속과 13절의 신실함(미쁘심)에 대한 언급은 반대로 그분이 경고도 실행하실 것이라는 의미를 지니고 있음[11]을 잊지 말아야 한다.

예전적 입장에서 그리스도와 함께 죽고 사는 삶에 대한 내용인 11~13절을 세례식에서 주는 권고의 말[12]로 보지만, 과연 목회서신 당시의 교회에 오늘날과 같은 세례 예전적 문답이 완성되어 사용했는지에 대한 증거는 그리 많지 않다. 주님의 일꾼이 살아야 할 방식과 그 결과를 다루는 것만 해도 충분하다.

특히 13절을 본문으로 다룰 때 '주님께서 하실 수 없는 한 가지'라는 제목으로 신선한 설교를 시도할 수도 있을 것이다. 그것이 무엇인가? 일향 미쁘지 않는 것이다. 비록 우리가 미쁘지 않아도 그는 자신의 신실하심을 깰 수 없다. 왜 그런가? 자신을 부인하실 수 없는 속성, 그분의 순전성(integrity)과 언약에의 충실성 때문이다. 주님은 자신에게 모순되는 일을 할 수 없다.[13]

버릴 것과 취해야 할 것(2:14~26)

1. 부끄러운 일꾼 vs 부끄러울 것 없는 일꾼(14~19절)

2:14~19을 통해 '부끄러운 일꾼 vs 부끄러울 것 없는 일꾼'이라는 제목으로 설교해 보자. 부끄러운 일꾼(선교 공동체의 지도자)[14]의 삶과 부끄러울 것 없는

일꾼의 삶을 대조하며 설교를 이끌어갈 수도 있다. 다음 대조를 참고하라.

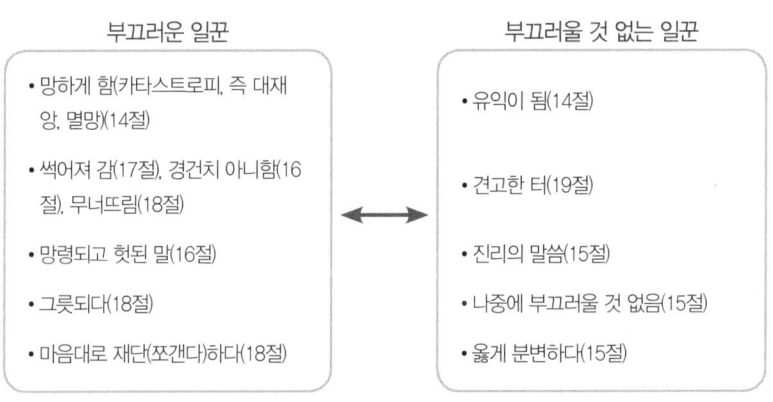

2장 후반부인 14~26절 전체를 통해 '버릴 것과 취해야 할 것'이라는 주제로도 설교하면 좋다. 첫째 대지는 '마땅히 버려야 할 것을 알아야 한다'고 선언하고 16절과 19절에서 망령되고 헛된 말을 버리라, 불의에서 떠나라, 23절에 기초해 변론을 버리라고 가르친다. 둘째 대지는 '마땅히 해야 할 것을 알아야 한다'고 선언하며 15절에서 드리기를 힘쓰라, 22절에서 좇으라, 24절에서 가르치기를 잘하라와 참으라, 25절에서 온유로 가르치라는 내용으로 선포할 수 있다.

설교자들이 흔히 '말씀을 잘 쪼갠다'는 말을 잘 하는데 그것은 15절의 '옳게 분변하며'라는 표현에 기인한 것으로 보인다. 이 단어 '오르쏘토문타'는 똑바로 전한다는 뜻이다. 그런데 그것을 잘 쪼갠다고 한 것은 어원인 '템네인'이 '자르다'와 관계있다고 보기 때문인 듯하다. 그런데 이 단어는 70인역의 잠언 3:6, 11:5에서는 길이라는 단어와 연결되어 목적지를 향해 똑바로(직선거리로) 나아간다거나 바른 길로 행한다는 의미가 있을 뿐, '쪼개다' 혹은 '자르다'는 의미와는 거리가 있다. 실제로 사도행전 13:10에서 박수 엘루마의 문제는 주님의 바른 길을 굽게 함으로써 사람들을 혼란시킨 것으로 표현된다.

버릴 것에 대한 설교를 할 때는 2:16에서 '망령된 말과 헛된 말'(케노포니아스, empty talk godless chatter)[15]과 17절에서 독한 창질을 함께 언급할 수 있는데, 두 가지의 공통점에 착안해 강조해야 한다. 망령되고 헛된 말은 경건치 않음에 점점 더 나아가게 하고, 창질이나 암은 썩어지고 퍼져 가는 진행성을 갖고 있음을 주목해야 한다.

이런 부끄러운 일꾼의 삶의 결과와 대조되는 하나님 백성의 삶으로 헌신해야 하는 이유는 19절에 잘 드러나 있다. 하나님의 견고한 터가 확실히 서 있기 때문이다. '터'라는 단어는 '기초'라고도 번역될 수 있는 '쎄멜리오스'인데 유명한 신학 잡지의 이름이기도 하다. 에베소서 2:20에 언급된 터 곧 머릿돌은 고대 성전이나 건물의 기초석을 지칭하는데 거기에 성구를 새겨 놓는 관례가 있다.

서신의 저자는 하나님께서 세우신 교회 건물의 초석에 아로 새겨진 두 개의 성구가 있다고 가정하며 진행해 나간다. 첫 번째 성구는 민수기 16:5에서 인용된 것으로 '주님께서 자기 백성을 아신다', 즉 자기에게 속한 자들을 아신다는 것이다. 구별과 선택의 의미도 있지만 하나님 백성의 안전성을 언급한다.

두 번째 성구는 하나님의 집안 사람들이 해야 할 임무로서 '주의 이름을 부르는 자마다 불의에서 떠날지어다'라는 이사야 52:11의 인용이다. 이것도 예전적 성례론자들은 세례식과 잘 어울리므로 세례 예식문의 일부로 보는 경향이 있으나 확실하지는 않다. 분명한 것은 교회 안에 암처럼 문제가 발생하고 어떤 어려움이 있어도 하나님께서 놓아 주신 기초가 있기 때문에 튼튼하고 흔들리지 않는다는 사실뿐이다.

2. 귀히 쓰이는 그릇 vs 천히 쓰이는 그릇(2:20~26)

토머스 오덴은 디모데후서 2:20~26을 설교하거나 가르치는 것은 지뢰 매설 지역을 통과해 걸어가는 것과 같다[16]고 했다. 비유가 간단해 보이지만 사실 해석과 설교는 그리 녹록치 않다. 표피적 읽기로 인해 귀한 그릇과 천한 그릇 혹은 깨끗한 그릇과 더러운 그릇에 대한 설교를 하는 경우도 있다. 하지만 좀 더 정확히 다루자면 "귀히 '쓰이는' 그릇 vs 천히 '쓰는' 그릇"을 다뤄야 한다.

정확한 해석에서 바른 설교가 시작되는데, '천히 쓰는'이라는 표현의 의미를 불미한 사람들에 대한 것으로 받아들이면 곤란하다. 실제로 귀히 쓰는 그릇(금과 은) vs 천히 쓰는(나무와 질) 그릇의 의미 이해에 따라 2:14~26에서 설교 전체의 흐름이 바뀌고 적용의 방향이 전적으로 달라질 수 있으므로, 이것은 성경적 설교 측면에서 매우 중요한 해석이 된다.

귀히 쓰이는 그릇과 천히 쓰는 그릇에 대해 다음 세 가지로 해석할 수 있다. 첫째, 교회 내의 순수한 교인과 가짜 교인의 구분이나, 진짜 교인 vs 가짜 교인[17]으로 보는 것이다.

둘째, 교회 내의 참된 선생 vs 교회에 잠입한 거짓 선생[18]에 대한 것으로 보는 일이다. 앞서 언급된 디모데 vs 후메내오와 알렉산더 혹은 빌레도(딤전 1:20; 딤후 2:17) 같은 거짓 선생을 은유를 통해 계속 대조해 보는 일이다. 거역하는 자들에 대해 취해야 할 태도는 25절에서 징계로 제시된다. 그런데 디모데전서 1:19에서 징계를 위해 사탄에게 내어 준 것도 디모데전서 1:20은 '훼방하지 않게 사는 것을 배울 수 있도록'이라는 교정적 의도[19]를 보여 준다.

디모데후서 2:18에서도 그들은 복음의 핵심인 부활에 대해 잘못 가르치는, 즉 진리에 관해 그릇된 자들이지만, 이 경우에도 돌이킴을 기대한 징계지(22~26절) 사탄에게 내어 주었다는 것이 사도가 그들을 영벌에 처한다는 뜻이거나 돌이키고 달라질 가망이 없다는 뜻은 아니다. 본문의 의미와 달리, 귀히 쓸 그릇과 천히 쓸 그릇에 대한 날카로운 대조는 로마서 9:21~22에 나오는데 그곳에서 천히 쓴다는 것은 오래 참고 관용하기는 해도 분명히 '멸하기로 준비된 진노의 그릇'이다.[20]

셋째, 좋은 일꾼 vs 부족한 일꾼으로 보는 것이다. 여기서 중요한 것은 둘 다 쓰임을 받는 사람들이라는 사실이다. 그릇된 선생이 아닌 부족한 일꾼으로 봐도 된다. 이렇게 해석하는 이유는 20절 말씀처럼 큰 집에서는 금과 은그릇뿐 아니라 나무그릇과 질그릇도 쓰임받는 그릇이지 쓸데없거나[21] 파기하기 위해 버려질 그릇이 아니라는 것이다. 귀히 여기든 천히 여기든 여기서 중요한 것은 정도의 차이가 있을 뿐[22] 모두 쓰임을 받는다는 사실[23]이다. 쓰임받는 정도, 즉 얼마나 명예롭게(honorable 혹은 noble의 정도) 쓰임 받느냐 하는 것이다. 다시 말해 목적만 다를 뿐 쓰임을 받는다는 사실 자체는 동일하다.

혹자처럼 천히 쓰인다는 것을 음식물 쓰레기를 담아 버리는 현대식 쓰레기봉투[24]나 눈에 띄지 않는 곳에 놓인 쓰레기통[25] 혹은 배설물을 치우는 데 쓰이는 용기처럼 수치스런 그릇[26]으로 보는 것도 지나친 해석이다. NRSV처럼 ordinary 곧 평범한 용도로 보는 것이 무난하다.[27] 이런 해석이 타당하다고 생각되는 이유는 계속 이어지는 21절 말씀처럼, 누구든지 이런 것에서(NIV는 후자로 번역, 즉 20b절에서 천히 쓰는 것에서) 자기를 깨끗하게 하면 귀히 쓰는 그릇이 되고, 주인의 쓰심에 합당하게 되며, 모든 선한 일(목회서신의 주요 모티브다)에 예비함이 될 것이기 때문이다.

그러므로 돌이킬 가망이 없어서 유기될 대적이 천한 그릇이라면 21절의 내용과 논리적으로 모순되고 21절, 25~26절의 내용을 말할 까닭이 없기 때문이다. 그러나 귀히 쓰는 그릇은 물론이고 천히 쓰이는 그릇도 교인에 대한 것이라면 이어지는 22~26절에서 쓰임을 받는 사람들과 주님의 종의 태도를 언급하면서 권면하는 내용이 뒤따라올 수 있다.

이 구절의 해석에 대한 위험성을 지적했던 오덴 역시 표피적 읽기로 귀한 그릇과 천한 그릇[28]으로 해석하며, 크리소스톰의 설교 "부패하고 사악한 사람들이 있다는 사실이 당신을 혼란케 하지 않도록 하라"[29] 등을 인용함으로써 지뢰를 밟고 말았다. 주의할 일이다.

이 부분을 다루면서 삶의 변화를 일으키는 설교[30]를 하려는 사람들에게 중요한 것은 성도들에게 어떻게 살라고 촉구해야 하는가다. 그것이 21~26절 내용이다. 귀히 쓰이는 그릇의 조건은 첫째, 피할 것(19절-불의에서 떠남, 22절-정욕을 피함)과 둘째, 가질 것(22절-좇으라: 끈질긴 추적)이 있다(21절-깨끗함, 22절- 깨끗한 마음 갖기). 이때 22절에서 청년의 정욕을 성적 욕구로 설교하는 경우가 많은데 그것보다는[31] 자기 주장, 방종, 오만, 고집 등을 의미한다(3:6도 참고하라).

이 부분은 귀히 쓰는 일꾼, 주님의 종의 생활 방식, 주님께 유용한 일꾼의 5가지 특성 등으로 설교할 수 있다. 첫째, 어리석고 무식한 변론을 버리는 것(23절)이다. 여기서 무식한 변명이란 사고하는 것을 배우지 못한 사람을 뜻[32]한다. 둘째는 다투지 않음인데, 디모데전서 1:18처럼 사탄과의 선한 싸움까지 하지 말라는 것은 아니다. 오히려 진리는 가르쳐야 한다. 셋째, 모든 사람들을 대해 온유하며 친절한 것이다. 넷째, 참음은 원한을 품지 않으며 관용하는 것을 말한다. 악에 대해 화를 내는 모습을 보이지 말라고 실제적으로 권면할 수 있다. 다섯째, 거역하는 자를 온유함으로 징계하는 것이다. 이때 징계한다는 것은 가르쳐 바로 잡는 행위[33]나 교육적 영향을 끼치는 것[34]으로 보면 적절하다.

이것이 지도자인 디모데에게 기대하는 역할이다. 이때 요구되는 태도는 평화와 온유함인데, 이는 26절 내용과 같은 소망이 있기 때문이다. 교회의 일꾼은 사역할 때 유기와 심판으로 끝나지 않고 하나님께서 그들의 마음을 변화시켜, 즉 회개의 기회를 주셔서(하나님이 이 일의 주체다. 그래서 이것은 은혜의 선물이다) 진리를 깨닫고 돌아오기를 기대해야 한다. 이것이 바로 성경이 기대하는 바, 마귀의 올무(그들의 현재 상태)에서 벗어나고 하나님께 사로잡힌 바(그들의 미래 상태) 되는 지상 최대의 변화다.

이 경우 사람들은 하나님의 뜻을 좇는 분명하게 달라진 삶을(19절-불의에서 떠나고, 22절-의와 믿음과 사랑과 화평을 좇는다) 보여 줘야 한다. 이것이 26절과 2장 후반부 전체가 강조하는 구속적 사역으로의 부르심에 대한 메시지다. 그리스도의 종과 하나님의 일꾼들이 할 일이 바로 이런 구체적 사역이다.

거짓 선생, 가짜 그리스도인들의 문제(3:1~9)

디모데후서 3:1~9은 거짓 선생, 가짜 그리스도인들의 문제를 언급한다. 그들의 다음 세 가지 특징을 통해 설교자는 성도들을 바로 잡아야 한다. 첫째, 하나님보다 더 사랑하는 어떤 것을 가졌다. 2절의 자기 사랑, 4절의 쾌락 사랑이 대표적이다. 둘째, 경건의 모양은 있으나 경건의 능력을 부인한다 (5절). 셋째, 배우지만 진리에 이르지 못한다(7절). 교회 안에 이런 사람들이 많은 것을 보며 말세(딤후 3:1 참고. 딤전 4:1이하)의 징조라고 단언하기 전에 '이미'와 '아직' 사이에 있는 교회에서 항상 벌어지는 일반적인 일[35]이자, 칼빈의 지적처럼 그리스도의 승천과 재림 사이에 있는 '기독 교회의 보편적인 상황'임을 지도자는 인식한 상태에서 사역해야 한다.

거짓 그리스도인들의 특징인 하나님보다 무언가를 더 사랑하는 사람들에 대한 것은 요즘 설교해야 할 매우 중요한 부분이다. 그런 것들은 2절에서 보듯이, 대개 탐욕과 거만함[36]인데, 교회를 무력하게 하는 것은 주변 세계의 문제와 외부적 공격[37]이 아니라 자신의 신실치 못함으로 인한, 즉 내부의 분열임을 인식시켜야 한다. 물론 사람은 항상 무엇인가를 사랑하게 되어 있다. 그러나 그 사랑은 하나님 사랑과 위치 정렬, 관계 정렬이 있어야 한다.

2~4절의 죄 목록은 로마서 1:29~31에 기초한 것으로 보인다. 하나님의 사랑과 대조되는 죄들의 가장 앞에 놓여 있는 '자기 사랑'은 그 뒤에 나오는 모든 악덕들의 근원[38]이다. 요즘 심리 상담적으로 포장된 극단적 자기 본위주의와 자기 도취증(narcissism)[39] 등은 분별력 있는 목회자들에게 지적을 받아야 한다. 한 사회가 하나님보다 사람을, 사람들보다 물질을 얼마만큼 더 사랑하느냐에 따라 그 시대의 위태함 정도[40]가 비례하기 때문이다.

그 결과가 바로 경건의 모양은 있으나 경건의 능력이 없는 것(5절)이다. 경건의 모양과 능력이 대립되는 것이 오늘날의 기독교의 모습이다. 여기서 경건의 모양은 교회 예배와 관계된 형식적[41]이고 예전 중심적이며 종교 직업인의 모습(딤전 6:3, 5, 11)과 깊은 관계가 있다. 교회 지도자들 가운데 힘을 잃은 경건을 자신의 죄를 가리는 훌륭한 외투로 삼는 사람들[42]이 있다.

이런 사람들에게 취해야 할 교회 일꾼들의 태도는 명확하다. "이 같은 자들에게서 네가 돌아서라"(5b절). 그들과 어느 정도 거리를 유지하고 의도적인 긴장을 유지해야 한다. 심지어 디모데전서 2:2과 로마서 16:18은 그런 사람들을 피하라고 하는데, 그들이 우리를 배반하고 팔 것이기 때문이다(4절). 특히 6절에서 보듯이 연약한 자들을 유혹할 것이고 변론을 좋아하는(2:23) 이상주의자들을 넘어뜨릴 것이기 때문이다.

여기서 '어리석은 여자'(little women)에 대한 이해가 전체 교훈 확정에 필요하다. 거짓 교사들이 그들을 '유인하다'는 단어도 '포로로 삼다'는 뜻(captivate NRSV)인데, 이를 성적인 것으로 보면[43] 논란의 여지가 있다. 만일 거짓 교사들이 자유 방임주의적이고 성적으로 접근했다면, 2~4절을 비롯해 여러 곳에서 그들의 죄 목록을 열거할 때 성적 타락상도 지적했을 것이기 때문이다. '죄를 중히 지고'라고 번역된 것도 죄를 쌓아올린다는 의미다. 그 동사 형태가 반복의 의미를 가졌기 때문에, 이미 더러운 과거를 가진 이들[44]이라는 해석을 하는 것은 지나치다. 오히려 거짓 교사들은 금욕주의적 생활 자세[45]를 가르쳤을지도 모른다.

6절의 '가만히 들어가'는 기어가며 교활한 방법으로 접근해 자신들의 추종자로 만들었다[46]는 뜻이다. 그래서 그 여인들은 7절에서 보듯이 항상 열심히 배운다. 그러나 문제는 진리의 지식에 이르지 못한다는 것이다. 6절의 여인들은 물론이고 그 외에 항상(누구에게서든지) 배우지만 진리에 이르지 못하는 자들(7절)이 있다. 그들은 실상 진리를 놓치고, 경건을 이익의 재료로 생각하는 자들(딤전 6:5)이다.

항상 배우고 탐구하지만 찾지 못하는 것처럼 불행한 일은 없다. 그러나 새로운 개념 습득, 지식을 통한 진보가 욕망이 될 때 또한 문제가 발생한다. 성경공부 모임, 신학교도 오덴이 지적하는 것처럼 호기심을 추구하는 자들을 위한 장소가 될 수[47] 있다는 점에 조심해야 한다.

심지어 오늘날의 목회자들 중에 6절의 거짓 교사들처럼 '마음이 부패하고 믿음에 관하여는 버리운 자들'(8절)이 있을 수도 있다. 주교나 주임 사제는 물론이고 노회장과 총회장일지라도 하나님을 위한다며 실제로 재물에 대한 탐욕, 권력, 자리에 대한 야망으로 부패할 수 있다. 하나님의 영광을 위한다고 말하지만, 실상은 대교회 건축과 자기 교회의 확장에 사로잡혀 있으면서 자신들은 그 사실조차 인식하지 못하고 오직 제3자들이 알 뿐이다.

또한 성도들에게 도움을 주는 것처럼 보이는 목회자, 가정 사역자, 상담가들이 기만의 길을 걸을 수 있다. 목사직을 이용해 비밀한 곳을 파고드는 목회 권력의 남용[48]이 가장 무섭다. 가장 도움을 필요로 하고, 가장 연약할 때 힘과 능력을 가진 자에게서 학대받는다. 사람들의 고통과 약함을 이용하는 것은 가장 악한 일이다. 그러므로 이 구절을 묵상하며 깊이 성찰하는 기도가 사역자에게 계속 되어야 한다.

3:8~9은 디모데전서 4:1 이하와 매우 유사하다. 그런데 8절을 해석할 때 주어는 남의 집에 들어가는 자들(6절)이지, 어리석은 여자들이 아님[49]에 주의하자. 얀네와 얌브레에 대한 이야기는 구약에 나오지 않는다. 유대 전승을 설교 예화처럼 사용[50]한 것으로 보이는데, 그들은 모세가 바로에게 이스라엘의 해방을 요청할 때 모세를 대적했던 애굽의 궁중 마술사[51]라고 알려져 있다. 여기서 강조하는 것은 거짓 선생들은 애굽에서 지도자 모세를 대적한 마술사들과 같은 부류며(8~9절) 연약한 여인들을 대한 것처럼(6~7절) 그들의 행동은 본질적으로 종교적 사기꾼이요 마술사와 다를 바 없는 자들(13절)이라는 것이다.

따라서 심판자이신 그리스도 예수와 그분의 나타나심(4:1) 앞에서 어떤 결과가 생길지 뻔한 것(8, 9절)이므로 하나님의 종은 그런 자들에게 관여하지 말고 떠나야 한다(3:5)는 것이다. 이 부분은 거짓 선생들의 모습을 종말론적 관점(1, 9절)에서 조명한다. 종말론적 심판의 엄중함을 알기에 사도는 주의 종들에게 그들에게서 떠날 것을 권면한다(5절). 이런 종말론적 시각은 목회서신 전체의 분위기므로, 하나님의 종들은 이런 시각에서 신학을 하고 목회를 해야 한다. 그것이 주님의 종들이 살아야 할 방식이다.

05

의의 면류관을 향한
선한 믿음의 경주자 바울

디모데후서 3:10~4:22 주해와 적용

흔히 디모데전후서와 디도서를 '목회서신'이라고 한다. '목회서신'이라는 용어는 지난 1703년 베르도트(D. N. Berdot)가 디도서를 지칭해 처음 사용했고, 이를 1726년 안톤(Paul Anton)이 세 가지 서신서를 묶어서 일반화시켰다. 이유는 본 서신들이 교회를 감독하고 처리하는 문제에 대해, 즉 목회자로서 갖춰야 할 지침들에 대해 교훈하기 때문이다.

'목회서신'에 관한 신학적 논쟁은 크게 두 가지 방향에서 발생한다. 첫째, '목회서신'에 나타나는 거짓 교사들의 정체다. '거짓 교사들'에 대해 어떤 사람들은 초기 형태의 영지주의자들로 간주하고, 다른 사람들은 유대 그리스도적 관점을 지닌 유대주의자라고 주장한다. 대다수의 학자들은 전자의 견해에 동의한다.

둘째, 저자 문제다. 현대 신약학의 주요 비평가들은 '목회서신'의 저자가 바울이 아니라 바울의 이름을 빌린 무명의 작가라고 주장한다. 비록 바울이 직접 기록하지 않았다는 쪽으로 무게 중심이 쏠리고 있지만, 그렇다고 이 서신들의 중요성이나 신학적인 의미들이 감소하는 것은 절대 아니다. 왜냐하면 '목회서신'도 교회의 산물로서 믿음의 선조들이 소중히 다뤄온 정경 문헌이기 때문이다.

우리가 살펴볼 디모데후서 3:10~4:22의 주된 내용은 다음과 같다. 1) 그리스도인답게 살아가는 사람들에게 오는 불가피한 박해, 2) 그 박해에 맞서는 그리스도인의 자세, 3) 바울의 개인적인 부탁 등으로 구성되어 있다. 이를 좀 더 세분하면 다음과 같다.

> 바울의 수난(3:10~13)
> 바울의 권면(3:14~4:5)
>   1) 성경에 충실하라는 권면(3:14~17)
>   2) 전도자의 사명을 다하라는 권면(4:1~5)
> 바울의 고별 연설(4:6~8)
> 바울의 개인적인 당부(4:9~18)
> 끝인사(4:19~22)

바울의 수난(3:10~13)

3:10~13에는 두 가지 중요한 신학적 사상이 나타난다. 첫 번째는 '의인의 고난'으로, "그리스도 예수 안에서 경건하게 살고자 하는 자는 박해를 받을 것이다"라는 점이다(3:12). 10절에서 바울은 자신이 복음을 전하면서 얼마나 오래 참고 사랑과 인내로서 견뎌 왔는지 보도한다. 그리고 11절에서 수난을 받은 구체적인 장소로 '안디옥과 이고니온과 루스드라'를 언급한다.

바울이 그곳에서 어떤 일을 경험했는지는 사도행전에 잘 나타나 있다. 안디옥에서 유대인들을 선동한 죄로 쫓겨났고(행 13:50), 이고니온에서 유대인들과 이방인들의 돌에 맞아 죽을 뻔했으며(행 14:5~6), 루스드라에서 돌에 맞아 초주검이 된 상태에서 성 밖으로 내던져졌다(행 14:19). 여기에다 '바울의 고난 목록'으로 알려진 고린도후서 11:23~27에 기록된 수난을 덧붙인다면, 바울이 복음 전도를 위해 얼마나 고난을 감내했는지 잘 알 수 있다.

지금 한국 교회에서 '의인의 고난'을 내용으로 하는 설교는 꺼리는 일이다. 이에 대해 크게 다음과 같은 이유가 있을 것으로 추정한다.

1) 일반적으로 우리는 '의인'은 고난을 받지 않는다고 생각하는 경향이 있다. 통념적으로 고난은 하나님의 징벌로 해석된다. 이런 생각은 욥의 고난에 대한 엘리바스의 견해에서도 잘 나타난다. "하나님이 너를 책망하시며 너를 심문하심이 너의 경건함 때문이냐 네 악이 크지 아니 하냐 네 죄악이 끝이 없느니라"(욥 22:4~5 참고).

2) '의인의 고난'이라는 성경의 주제가 가진 사회적 정의실현 문제에 한국 교회가 무관심하기 때문이다. 성경에 나타난 '의인의 고난'은 하나님의 '정의'를 선포한 예언자들과, 복음을 위해 당시 사회에 맞서 싸운 믿음의 선구자와 관련이 있다. 하나님께서 이사야 선지자를 그분의 대리인으로 보내시면서 다음과 같이 말씀하신다. "내가 너를 연단하였으나 은처럼 하지 아니하고 너를 고난의 풀무 불에서 택하였노라"(사 48:10; 비교 시 34:19). 예수 그리스도도 하나님나라의 의의 선포와 고난을 밀접히 연결하신다. "의를 위하여 박해를 받은 자는 복이 있나니 천국이 그들의 것임이라"(마 5:10).

그러나 한국 교회는 신앙이 주는 현세적 '축복'에 더 많은 초점을 맞추고 있다. 이 같은 신앙 풍토에서 세상의 가치관에 맞서는 '의인의 고난'이라는 주제 설교는 쉽지 않다.

두 번째는 믿는 자들을 위한 하나님의 구원의 은총이다(3:11b). 악한 자들과 속이는 자들이 더욱 악한 방법으로 믿는 자들을 괴롭히고 고통스럽게 하지만, 주님에 대한 믿음과 사랑 그리고 인내로 이겨낸다면 주님께서 구원의 은총을 주신다는 것이다. 고난의 여정에 혼자만 있는 것이 아니라 주님께서 함께해 주신다. 이는 11b절의 "모든 것 가운데서"(에크 판톤)라는 표현에 잘 나타난다. 그리고 바울의 이런 확고한 믿음은 "박해를 받아도 버린 바 되지 아니하며 거꾸러뜨림을 당하여도 망하지 않는다"는 말씀(고후 4:9)에서도 잘 나타난다.

이런 믿음 위에서 바울은 수많은 역경을 이겨낼 수 있었다. 하나님께서는 우리의 고통을 수수방관(袖手傍觀)하시지 않는다. 구약성경에서부터 누누이 강조되는 신학적 주제 중 하나는 하나님께서 우리의 신음 소리를 들으시고 응답하신다는 것이다. 크게는 이집트에서 노예생활로 고통받던 히브리인들의 신음 소리부터, 작게는 하갈의 울부짖음까지 하나님께서 우리의 고통과 신음 소리에 귀를 기울이시고 들으신다. 그리고 고통의 울부짖음을 들으신 하나님께서 이를 외면하시거나 침묵하시지 않고 반드시 응답하신다.

성경에 충실하라는 권면(3:14~17)

바울은 디모데에게 고난을 극복하는 방법을 알려 준다. 그것은 다름 아닌 하나님의 말씀을 더 배우고 익히는 데 힘쓰는 것이다. 디모데는 어려서부터 외할머니 로이스와 어머니 유니게(딤후 1:5) 그리고 바울에게서(딤전 1:18) 성경에 대해 잘 배웠다. 성경은 하나님의 감동으로 된 것으로 교훈과 책망과 바르게 함과 의로 교육하기에 유익하고, 이는 하나님의 사람으로 온전하게 하며 모든 선한 일을 행할 능력을 갖추게 한다(딤후 3:16~17). 또 성경은 사람들로 하여금 그리스도 예수 안에(엔 크리스토 예수) 있는 믿음으로 구원에 이르는 지혜의 보고(寶庫)다(3:15).

여기서 말하는 '성경'이 구약성경을 뜻하는가, 아니면 신약성경의 일부 문헌을 포함하는가에 대한 논의도 있다. 구약성경을 뜻한다는 주장이 일반적인 견해다. 이 말씀에서 우리가 알아야 할 것이 있다. 곧 여기서 말하는 '구약성경'은 개신교에서 이해하는 오늘날의 구약성경과 약간 차이가 있다는 점이다. 개신교는 루터의 결정에 따라 구약 39권만을 정경으로 인정한다. 그러나 예수님 당시에 사용된 성경은 희랍어로 번역된 '70인역'이다. 여기에 외경이라 하는 15권[1]이 더 포함된다.

이 구절과 관련해 구약성경과 예수 그리스도의 관계에 대한 논의도 활발하다. 초기 기독교의 대표적인 이단으로 알려진 마르시온(144년 출교)은 구약성경을 거부했다. 그들은 육체는 악한 것이고 영은 선한 것이라는 극단적인 이원론자였다. 그들에 따르면 구약의 하나님은 율법의 하나님으로서 복수심이 가득 찬 전쟁과 심판의 하나님이다. 그 하나님은 참다운 신이 아니고 악한 세계인 우주를 창조한 저급한 데미우르고스다. 그러나 신약의 하나님은 저급한 데미우르고스와 전혀 다른, 예수 그리스도를 통해 복음을 주신 사랑이라는 것이다. 그래서 마르시온은 구약성경을 거부하고, 누가복음과 목회서신을 제외한 바울의 10개 서신만을 가지고 나름대로 정경을 구성했다.

하지만 목회서신의 저자들은 구약과 예수 그리스도의 관계가 매우 밀접하다고 믿는다. 특히 3:15에서 구약성경은 예수 그리스도를 증언하는 것이라고 선언한다. 궁극적으로 구원에 이르게 하는 예수 그리스도야말로 구약을 정경(正經)되게 하는 분이라는 것이다.

우리 민족도 세계 어느 민족 못지않게 성경을 사랑한다. 우리는 중국에서 유입된 한문성경을 통해 예수 그리스도에 대해 익혀 왔다. 그러나 1882년 로스 목사를 중심으로 백홍준, 서상륜, 이성하, 이응찬 그리고 매킨타이어(John Macintyre) 등이 우리말로 누가복음을 번역해 출판했다. 그리고 1885년 이수정은 마가복음을 번역해 출판했다. 외국 선교사들은 우리말로 번역된 성경을 가지고 들어와 복음을 전했다.

또한 지금 각 교회에서 시행되는 성경 일독 캠페인이나 성경퀴즈 대회를 보더라도 우리 민족이 성경을 사랑하는 것을 잘 알 수 있다. 목회자들이 성경 읽기를 강조하는 일은 더할 나위 없이 좋은 것이다.

전도자의 사명을 다하라는 권면(4:1~5)

4:2은 바울이 1절의 내용을 근거로 한 전도자의 사명을, 5절은 3~4절의 내용을 근거로 전도자의 사명을 말씀한 것으로도 이해할 수 있다. 한편 4:1~5의 말씀을 좀 더 구체적이고 생동감 있게 이해하기 위해 다음의 구조를 제안한다.

전도자의 바른 가르침(1절)
전도자의 바른 가르침에 대한 거부(3~4절)
전도자의 사명에 대한 권고(2, 5절)

이를 재구성하면 다음과 같다. 교회 안의 일부 사람들은 바른 교훈을 받지 않고, 그리스도의 재림을 둘러싸고(1절) 진리에서 돌이켜 허탄한 이야기(3~4절)를 한다. 예수님의 주된 가르침 중의 하나는 자신이 '영광으로 모든 천사와 함께 올 때에 자기 영광의 보좌에 앉아 모든 민족을 그 앞에서 심판하신다'(마 25:31~46; 참고. 마 26:76)는 것이다. 이 내용을 예수님의 부활을 경험한 제자들이 전했다(행 10:42; 벧전 4:5). 바울도 마찬가지였다(롬 14:9; 고전 15:51~52; 살전 4:13~18).

그러나 거짓 교사들은 이런 가르침을 거부했다. 그들에 맞서 바울은 확신을 갖고 참 진리를 전하라고 디모데에게 말한다. 곧 '살아 있는 자와 죽은 자를 심판하실 예수 그리스도가 오신다'는 것이다.

2, 5절에서 바울은 아홉 가지 전도자의 사명을 언급한다. 여기서 명령형 동사가 사용되었다. 범사에 오래 참음과 가르침으로² 1) 말씀을 전파하라(케뤽손). 2) 때를 얻든지 못 얻든지 항상 힘쓰라(에피스테씨). 3) 경책(警策)하라(엘렝크손). 즉 정신을 차리도록 꾸짖어라. 4) 경계하라(에피티메손). 5) 권하라(파라칼레손, 2절). 6) 모든 일에 신중하라(네페). 7) 고난을 받으라(카코파쎄손). 8) 전도자의 일을 하라(포이에손). 9) 직무를 다하라(플레로포레손, 4절)고 한다.

이 외에도 바울은 디모데후서에서 전도자의 사명을 언급한다. 곧 "하나님의 능력을 따라 복음과 함께 고난을 받으라"(쉰카코파쎄손, 1:8)와 "너는 진리의 말씀을 옳게 분별하며 부끄러울 것이 없는 일꾼으로 인정된 자로 자신을 하나님 앞에 드리기를 힘쓰라"(스푸다손, 2:15)고 한다.

전도자의 사명은 오늘날 우리에게도 요구되는 것들이다. 우리 주변에 복음의 진리에서 벗어나 성경을 자의적으로 해석하고 가르치는 자들이 있다. 우리가 경험한 대표적인 성경 왜곡 사건은 지난 1992년 10월 28일에 휴거가 일어날 것이라고 주장했던 일이다. 그들은 성경의 일부 내용을 근거로 엉성한 수리적 계산을 통해 주님의 재림 날짜를 정했다. 우리가 "그 날과 그 때는 아무도 모르나니 하늘의 천사들도, 아들도 모르고 오직 아버지만 아신다"라는 주님의 가르침을(마 24:36) 기억한다면, 휴거가 일어날 것이라고 날짜를 확정하는 일이 얼마나 어리석은 것인지 잘 알 수 있다. 바울도 주님의 재림 날짜를 확정하지 않으셨다.

이단 종파들은 대개 성경을 읽고 해석하는 과정에서 발생한다. 이것은 하나의 역설이다. 이단은 우리에게서 멀리 떨어져 있는 것이 아니라 아주 가까이에 있다. 그들의 잘못된 가르침에 빠지지 않기 위해 성경공부와 기도에 힘써야 한다. 또한 우리의 신앙적 합리성과 이성적 판단도 요청된다.

바울의 고별 연설(4:6~8)

6절에서 바울은 자신의 죽음이 가까웠다고 말한다. 그리고 "전제(奠祭)와 같이 자신이 벌써 부어졌다"는 말에서 이미 순교할 각오가 되어 있음을 암시한다. '전제'는 제물 위에 술을 붓는 제사를 의미한다(비교 빌 2:17).[3] 바울은 예수 그리스도께서 십자가에 못 박혀 보혈을 흘리신 것처럼, 자신도 주님의 뒤를 따르겠다고 맹세한다. '벌써'(에데)라는 부사에서 순교에 대한 바울의 의지를 읽을 수 있다.

7절에서 바울은 1) 선한 싸움을 싸웠고(톤 칼론 아고나), 2) 달려갈 길을 마쳤으며(톤 드로몬 테텔레카), 3) 믿음을 지켰다(텐 피스틴 테테레카)고 말한다. 여기에 사용된 동사 세 개는 모두 현재완료형이며, 이 진술은 죽음을 앞둔 바울 자신의 자평(自評)이기도 하다. 7절의 내용들은 서로 독립된 것들이 아니라, 바울의 삶 전체를 표현하는 하나의 메타포적 진술이다. 단지 저자가 좀 더 세밀하게 살펴보기 위해 구분한 것뿐이다. 그 각각의 내용을 살펴보자.

1) 바울은 자신이 '선한 싸움을 싸웠다'고 말한다. 이 진술에 대해 대부분의

학자들은 육상 경기와 연관된 메타포라고 생각하지만, 일부는 레슬링 경기 또는 군사적 전투와 연관된 것이라고 주장한다.[4] 어떤 메타포로 사용되었든지 간에 바울이 '싸웠다'라는 표현을 사용한 것은, 자신이 예수 그리스도를 증거하기 위해 모든 삶을 헌신했다는 것을 의미한다. 여기서 바울은 형용사 '칼로스'(선한)를 사용해 자신이 어떤 삶을 살아왔는지 말한다(참고. 딤전 6:12).

앞서 우리는 바울의 수난에 대해 살펴보았다. 그런 역경에서도 바울은 어떻게 '선'하게 살 수 있었는가? 여기에는 주님에 대한 바울의 확고한 신앙이 있기에 가능했을 것이다. 바울은 다음과 같이 디모데에게 말한다. "우리가 수고하고 힘쓰는 것은 우리 소망을 살아 계신 하나님께 둠이니 곧 모든 사람 특히 믿는 자들의 구주시라"(딤전 4:10).

오늘날 한국 교회는 분열이라는 큰 위기를 맞고 있다. 근본적인 원인의 대부분이 목회자에서 기인한다. 전임 목회자가 자신의 후임자로 무리하게 아들이나 친인척을 내정하는 바람에 생기는 갈등이나, 전임자와 후임자 사이의 주도권 다툼 등에서 비롯된다. 문제는 이것이 교회 내부의 갈등이라는 점이다.

이제껏 교회는 바깥세상을 향해 부패하고 타락했다고 비판해 왔다. 그러나 지금 한국 교회 안에는 세상과 닮은 더 많은 모순을 지니고 있다. 교회가 세상을 비판하면서 오히려 세상을 닮아 가는 느낌마저 준다. 이런 갈등의 근원은 소망을 살아 계신 하나님께 두지 않고, 세상적인 명예나 물질에 두는 데 있다. 그래서 우리는 하나님 없는 교회를 만들어 가고 있는지도 모른다. 기독교인들은 너나할 것 없이 모두 반성하고 성찰해야 한다. 우리가 소망을 어디에 두고 있는지, 선한 것이 아닌 탐욕을 위해 싸우고 있지는 않는지를 돌이켜 봐야 한다.

2) 바울은 자신이 '달려갈 길을 마쳤다'고 말한다. '드로모스'의 문자적 의미는 달리기 경기의 코스를 의미하는데, 성경은 좀 더 포괄적인 의미 곧 삶의 모든 과정이나 하나님께서 부여하신 소명을 성취하는 과정을 말한다(행 13:25; 20:24; 갈 2:2; 빌 2:16; 3:14; 히 12:1). 바울이 달려갈 길을 마쳤다고 말하는 것은

경주의 승리자가 됐다는 의미보다 결승점에 들어왔다는 의미가 더 적절하다.
　우리는 보통 인생을 마라톤에 비유한다. 이것은 인생을 42.195km를[5] 달리는 마라톤 경주처럼 길게 봐야 함을 뜻하고, 마라톤이 모든 경기 중에서 가장 많은 고통과 인내력을 요하기 때문이기도 하다. 마라톤 경기의 우승자는 1등으로 들어 온 사람이 아니라, 결승점에 들어온 모든 사람들을 말한다. 마라톤 정신은 어떤 환경이나 처지에도 실망하지 않고 자신의 길을 묵묵히 걸어가는 것인데, 이는 신앙적 인내와 지구력에 좋은 비유가 된다.
　마라톤과 같이 길고도 험한 삶의 여정에서, 우리는 함께 달리실 뿐 아니라 고통을 참고 견디라고 위로해 주시는 주님을 만날 수 있다. 주님과 함께 결승점에 들어오는 장면을 상상해 보라. 바울은 이와 같은 장면을 상상하면서 미래의 기쁨으로 오늘을 누릴 수 있었다. 바울의 경주는 세속적인 욕망을 모두 씻어버리고 그 속에서 주님의 은총과 사랑으로 채워졌기 때문에 가능한 것이었다.
　3) 바울은 자신이 '믿음을 지켰다'고 말한다. 여기서 '믿음'은 주관적 의미로 바울이 어떤 고난에도 불구하고 주님과 맺은 언약을 모두 지켰다는 것과, 객관적 의미로 주님께서 맡기신 사명을 완수했다는 것을 모두 포괄한다.[6] 이 진술은 우리로 하여금 신앙과 신학에 대한 성찰을 요구한다. 지금 우리의 삶은 믿음을 지키기 위해 노력하는 삶인가, 아니면 믿음의 허위 체계에서 단지 흉내만 내고 있는가? 우리는 바울처럼 믿음을 지키기 위해 고군분투해야 한다.
　8절에서 바울은 주님께서 재림하실 때 믿음의 경주를 마친 자신뿐 아니라 재림을 사모하는 모든 사람들에게 '의의 면류관'(호 테스 디카이오쉬네스 스테파노스)이 예비되어 있다고 말한다. '스테파노스'는 유대인들이 나무나 꽃으로 엮어서 절기나 결혼식 때 머리에 쓰고 기쁨과 명예를 나타내는 것을 말한다(참고. 사 28:1). 또는 그리스인들이 운동 경기에서 우승한 사람에게 씌워 주는 것을 말하기도 한다(고전 9:25; 빌 3:14).[7] 그것을 우리말 성경은 '면류관'(빌 4:1; 살전 2:19; 계 6:2)이나 '관'(계 12:1)으로 번역했다.[8] '스테파노스'의 우리말 대응어인 '면류관'은 훨씬 더 격상된 의미를 지니는 것이다.

우리나라에서 왕들이 머리에 쓰는 관에는 세 종류가 있다. 첫째, 면류관(冕旒冠)이다. 왕이 종묘사직(宗廟社稷)에 제사를 지내거나 원단(元旦), 조례(弔禮), 왕비를 맞이할 때 곤복(袞服)과 함께 착용하던 것이다. 우리나라 왕들은 대개 면줄이 아홉 개인 9면류관을 사용했다. 각 면줄에 7개 채색(황, 적, 청, 백, 흑, 홍, 녹색) 구슬이 서로 엇갈려 꿰어져 있다. 고종 황제에 와서야 비로소 중국의 황제처럼 12면류관을 사용하게 되었다.

둘째, 통천관(通天冠)이다. 고종 황제가 정무를 보거나 조칙을 내릴 때 쓰던 관으로 앞뒤에 각각 12솔기가 있고 청, 황, 홍, 백, 흑의 오색 구슬을 12개씩 꿰어달아 홍영(紅纓)에 옥잠(玉簪)을 꽂은 것이다. 고종 황제 이전에 9량(천을 꿰맨 슬기)의 원유관을 사용했다.

셋째, 익선관(翼善冠)이다. 왕이 정사에 임하거나 조신들과 국사를 논의할 때 평상복과 함께 착용하던 것이다. 익선관은 꼭대기에 턱이 져 앞턱은 낮고 뒤턱은 높았으며, 비단으로 싸고 꼭대기 뒤에 두 뿔이 뾰족히 솟아 있다.

'스테파노스'의 우리말 대응어인 '면류관'은 의식에 사용된 것이라는 점에서 일치하지만, 사용하는 자들의 사회적 지위는 현격한 차이가 있다. 즉 '스테파노스'는 원래 왕이 운동 경기의 우승자에게 주는 것이지만, '면류관'은 왕만이 사용할 수 있는 것이기 때문이다. 하나님께서는 이 면류관을 믿음을 지킨 자들을 위해 '의'(義)라는 꽃으로 장식하신다.

바울의 개인적인 당부(4:9~18)와 끝인사(4:19~22)

여기서 우리는 바울의 인품과 믿음을 다시 한 번 확인할 수 있다. 법정에서 바울과 함께한 동료들은 아무도 없었다. 그들은 모두 바울을 떠나갔다. 이에 대해 바울은 동료들에게 허물을 돌리지 않는다(4:16). 여기에 바울의 관용이 잘 나타난다. 또 그는 디모데에게 조심해야 할 사람(4:14~15)과 보살펴야 할 사람(4:20) 그리고 함께할 동료들에 대해 안부(4:19, 21)를 전한다. 여기서 바울의 자상함도 드러난다. 그리고 고난이 있을지라도 주님께서 구원해 주신다는 확고한 믿음을 디모데에게 전한다(4:17~18).

바울은 목회자와 전도자로서 우리에게 모범이 되는 인물이다. 바울은 목회자가 지녀할 성품 곧 카리스마적 권위 이전에 타인에 대한 관용과 너그러움 그리고 주님만을 바라보는 믿음이 중요하다고 디모데후서를 통해 말하고 있다.

나가는 말

우리는 교회 안에 많은 문제를 갖고 있으며, 그것들을 해결하기 위한 과제를 안고 있다. 우리가 바울이 죽음을 앞두고 자신의 삶에 대해 평가한 '선한 싸움을 싸웠고 달려갈 길을 마쳤으며 믿음을 지켰다'는 말을 익히고 마음에 새긴다면 좀 더 슬기롭고 원만하게 그 과제들을 해결할 수 있을 것이다. 바울처럼 우리는 수많은 고난을 선한 싸움으로 인식하는 능력이 필요하다.

그리고 중요한 것이 있는데, 물질이나 세상의 지위가 아니라 바울처럼 오직 복음만을 생각하고 믿음을 지키기 위해 최선의 노력을 하는 것이다. 이렇게 할 때 교회 안의 비본질적인 문제들은 사라지고 순수하고 선한 믿음만이 남을 것이다.

06 디모데전후서 참고 문헌

주석 및 주해서

- 권오현, 「목회서신 주석」(서울: 대한기독교서회, 2000).
- 박익수, 「디모데전후서, 디도서」(서울: 대한기독교서회, 2002).
- 조영엽, 「디모데전후서」(서울: 성광문화사, 2005).
- 채필근, 「디모데전후서, 디도서」(서울: 대한기독교서회, 1974).
- 최세창, 「목회서신, 빌레몬서」(서울: 글벗사, 2002).
- A. C. 하비, 풀핏주석번역위원회 역, 「디모데전후서, 디도서, 빌레몬서」(대구: 보문, 1996).
- G. 발로우 · R. 터크 공저, 박양조 역, 「디모데전후서, 디도서, 빌레몬서, 히브리서」(서울: 기독교문사, 1987).
- R. C. H. 렌스키, 장병일 역, 「디모데전후서, 디도서, 빌레몬서」(서울: 백합, 1973).
- 누트 라르손, 마영례 역, 「Main Idea로 푸는 데살로니가전후서, 디모데전후서, 디도서, 빌레몬서」(서울: 디모데, 2004).
- 도널드 거스리, 양용의 역, 「디모데전서 주석」(서울: 기독교문서선교회, 1992).
- 루돌프 불트만 · 마르틴 디벨리우스 공저, 번역실 옮김, 「요한 서신, 목

회서신」(서울: 한국신학연구소, 1983).
- 매튜 헨리, 박근용 역, 「디모데전후서-야고보서」(서울: 기독교문사, 1996).
- 윌리엄 바클레이, 박근용 역, 「디모데전후서, 디도서, 빌레몬서」(서울: 기독교문사, 1996).
- 윌리엄 헨드릭슨, 나용화 역, 「목회서신: 디모데전후서, 디도서」(서울: 아가페, 1985).
- 토머스 C. 오덴, 김도일 역, 「디모데전후서, 디도서」(서울: 한국장로교출판사, 2002).
- 토머스 칸스터블, 김운성 역, 「데살로니가전후서, 디모데전후서」(서울: 두란노, 1995).

신학서

- 야콥 판 브럭헌, 김병국 역, 「목회서신들의 역사적 배열」(서울: 솔로몬, 1997).
- 이상찬, 김철 편 옮김, 「목회서신 헬라어 어근 연구」(서울: 솔로몬, 2001).

강해 설교집

- 곽선희, 「네 직무를 다하라」(서울: 계몽문화사, 2005).
- 김병원, 「목회서신」(서울: 기독교문서선교회, 2004).
- 김종인, 「디모데전후서」(서울: 영문, 2000).
- 민영완, 「평신도를 위한 디모데전후서, 디도서 강해」(서울: 새한기획출

판부, 1999).
- 박성민, 「목회서신」(서울: 순, 2002).
- 박조준, 「디모데전후서, 디도서」(서울: 샘물같이, 1997).
- 방관덕, 「목회서신」(서울: 한국기독교교육연구원, 1994).
- 유동근, 「디모데전후서, 디도서」(서울: 빌라델비아, 2002).
- 윤희주, 「알기 쉬운 성경 강해 디모데전서」(대구: 보문, 2000).
- ———, 「알기 쉬운 성경 강해 디모데후서, 디도서, 빌레몬서」(대구: 보문, 1997).
- 이동원, 「이렇게 사역하라(디모데전서)」(서울: 나침반, 1989).
- 이연길, 「말라기, 디모데전후서」(서울: 쿰란, 2003).
- 이태웅, 「충성스러운 지도자가 되려면(디모데후서)」(서울: 죠이선교회, 1986).
- 정성학, 「목회서신(디모데전후서, 디도서)」(서울: 예루살렘, 2002).
- 조병수, 「빛에 가까운 어둠(디모데전서 1, 2장)」(서울: 가르침, 2003).
- 조용기, 「목회서신(디모데전후서, 디도서)」(서울: 서울말씀사, 2000).
- 최이우, 「거룩한 지도자의 길(디모데전후서)」(서울: 반석문화사, 1995).
- 한금석, 「복음주의 교회와 사역(디모데전후서, 디도서)」(서울: 성광문화사, 1999).
- 단 디웰트, 차원봉 역, 「디모데와 디도에게 한 바울의 서신들」(서울: 서울성서신학교, 1972).
- 레이몬드 브라운, 번역실 역, 「디모데전서-야고보서」(서울: 성서유니온, 1993).
- 룩 티모시 존슨, 안효선 역, 「디모데전후서, 디도서」(서울: 에스라서원, 2000).
- 룻 리히텐버거, 「머뭇거리는 지도자를 위하여(디모데전후서 연구)」(서울: 죠이선교회, 1986).
- 마가레트 데이비스, 번역실 역, 「목회서신」(서울: 이레서원, 2000).

- 마이클 벤틀리, 번역실 역, 「디모데전서」(서울: 목회자료사, 2002).
- ──────, 번역실 역, 「디모데후서」(서울: 목회자료사, 2002).
- 스티븐 고크로저, 이진섭 역, 「은사와 섬김(디모데후서)」(서울: 성서유니온, 1994).
- 어빙 L. 젠센, 번역실 역, 「디모데전후서, 디도서」(서울: 아가페, 1996).
- 에드몬드 하이버트, 이수봉 역, 「디모데후서」(서울: 나침반, 1986).
- 존 스토트, 김영배 역, 「디모데후서 강해」(서울: 엠마오, 1998).
- ──────, 김현희 역, 「디모데전서, 디도서 강해」(서울: IVP, 1998).
- 존 칼빈, 김동현 역, 「칼빈의 디모데전서 강해(상)」(서울: 엘맨, 2002).
- ──────, 김동현 역, 「목회서신 강해: 디모데전후서, 디도서 명설교 14편」(서울: 지평서원, 1996).
- 찰스 스펄전, 번역실 역, 「디모데전후서」(대구: 보문, 2000).
- 케이 아더, 프리셉트성경연구원 역, 「디모데후서」(서울: 프리셉트, 1998).

설교 연구 잡지에 수록된 글

- 김철손, "디모데전서의 중심 문제", 「기독교 사상」 7권 11호(1963. 11).
- 방선기, "강해 설교 워크숍: 디모데전서", 「그말씀」 54호(1997. 1).
- ──────, "강해 설교 워크숍: 기독교 세계관과 경건 훈련", 「그말씀」 58호(1997. 5).
- ──────, "강해 설교 워크숍: 디모데전서를 끝내면서", 「그말씀」 59호(1997. 6).
- 편집부, "간추린 성경 인물: 디모데", 「그말씀」 28호(1994. 11).

디도서
어떻게 설교할 것인가

contents

I. 디도서 배경연구

1. 지식과 실천의 균형에서 본 경건생활 | 이한수   141
2. 목회서신에 나타난 소테르 | 배재욱   159

II. 디도서 본문연구

1. 딛 1장 : 교회 직분자들의 바람직한 삶을 담은 편지 | 김희성   171

2. 딛 2~3장 : 패역한 세상에 맞서는 신앙 공동체 생활 | 이우제   183

주   203

원어 일람표   205

I. 배경연구

1. 지식과 실천의 균형에서 본 경건생활 | 이한수
2. 목회서신에 나타난 소테르 | 배재욱

01

지식과 실천의 균형에서 본 경건생활

사람들이 사용하는 언어는 문화의 한 중요한 매체로서 시대의 부침을 겪으면서 태동, 성장, 쇠락, 소멸의 과정을 겪는다. 인간문화가 전통문화와 새로운 문화가 세력 범위를 넓히기 위해 각축을 벌이는 장이듯이, 언어 역사도 기존 언어와 새로운 언어 간에 각축을 벌여 쇠락과 소멸의 과정을 겪기도 하고 태동과 성장의 과정을 겪기도 한다. 언어의 변천과정은 인간의 문화 변천 과정과 내면적으로 깊이 연결되어 있다.

신세대와 그들이 창조하는 신문화의 등장은 그들의 언어세계에 결정적인 영향을 미친다. 전통사회의 가치관을 표현하는 데 적합하던 언어들이 신세대의 문화코드에 맞지 않아 자연히 쓰이지 않으면서 쇠퇴와 소멸의 과정을 겪기도 한다. 자신들의 문화코드에 알맞은 새로운 언어표현이 필요한 신세대는 때로 기존의 단어들에 새로운 의미를 부여하기도 하고 아예 새로운 언어를 창조해내기도 한다.

최근에 그리스도인의 생활을 규정하는 어휘들 중에 '경건'과 '영성'이란 말이 세력 다툼을 하고 있다. 젊은 신세대 그리스도인들은 자신들의 신앙생활을 영성(靈性)이란 단어로 표현하기를 좋아하고, 기성세대 그리스도인들은 경건(敬虔)이란 말로 표현하기를 선호한다. 요즈음 교회와 심지어 신학교에서조차 영성신학이니 영성훈련이니 하는 표현들이 유행을 타고 있어서 경건생활 또는 경건훈련이란 표현들을 사용하면 조금은 시대에 뒤떨어진 사람처럼 여겨지기도 한다.

어떤 어휘들이 시대성에 적합한가라는 문제는 차치하고라도 그것들 중에 어떤 것이 성경이 교훈하는 그리스도인의 생활의 본질을 설명하는 데 더 적합한지를 따지는 것은 가능하고 또한 꼭 필요하다. 본문은 목회서신에 자주 등장하는 '경건'의 개념을 살피고 그것이 오늘날 현대 기독교인들의 신앙생활에 어떤 실천적인 함축을 가지고 있는지를 살피고자 한다.

영성 개념의 역사적 배경

방금 전에 말한 것처럼 언어란 그 시대의 가치관이나 문화코드와 내면적으로 깊이 연결되어 있다. 후현대주의 사회가 도래하면서 현대인들은 전통 가치관의 붕괴와 정신적 가치의 상실을 겪었고 그에 대한 반작용으로 보다 초월적이고 영적인 세계를 동경하게 되었다. 최근 기독교계에서 세력을 넓히고 있는 영성 개념의 유행은 후현대주의 사회의 이러한 반작용과 무관하다고 할 수 없다.

사실 영성이란 말은 성경에서 발견되지 않는 개념이다. 또한 그것은 기독교계에서만 사용되는 개념도 아니다. 불교, 힌두교, 회교 등 타종교에도 자기 나름대로의 독특한 영성이 존재한다. 특별히 그것은 중세 수도원의 신비주의 운동에서 자주 쓰이던 개념이었다. 중세 수도사들은 영성의 궁극적 목표를 신과의 신비적 합일 경험에 두고 그것에 도달하기 위해 여러 단계의 수련을 거쳤는데, 그러한 수련 과정에서 성경교훈에 뿌리를 두지 않는 심리적이고 때로는 신비적인 영성훈련 방식들을 도입하였다.

영성 개념의 역사를 탐구하는 사람들은 그것을 두 가지 형태로 구분하는 경향이 있다. 구분 방식은 모두 헬라어에서 유래되었는데, 하나는 '부정적인'(아포페틱) 방법으로서 자기를 온전히 비워 하나님의 충만함을 자기 안에 흘러 들어 오도록 하는 것이고, 다른 하나는 '긍정적인'(카타페틱) 방법으로서 모든 생각을 하나님께 향하도록 하기 위해 상상 또는 정신적 영상들과 용어들을 사용한다.

이와 더불어 어떤 영성훈련 방법들은 "정신의 조화"를 강조하기도 하고 "마음의 온화함"을 강조하기도 한다.[1] 또한 어떤 중세 수도사들은 모든 육신적이고 물질적인 욕망의 삶을 포기하는 금욕주의를 실천할 때만 영적인 완전에 이를 수 있다고 생각하였고, 엄격한 공동체 생활을 통해서 또는 노동과 선행의 실천 혹은 신비적 방법을 통한 명상을 통해서 그것에 도달하고자 하는 수도사들도 있었다.

최근에는 중세 수도원에서 유행하던 이런 영성훈련 방식들이 기독교 저널이나 책자를 통해 널리 선전되고 있다. 도대체 그런 방식들이 어떤 세계관이나 가치관에 기초하고 있는지, 성경의 가르침에 부합한 것인지 제대로 검증되기도 전에 대형교회 목회자들이나 심지어 신학교 교수들이 가르치고 있다. 예를 들면, 호흡을 내쉴 때는 마치 나의 모든 죄들을 다 내뿜어버리고 숨을 들이쉴 때는 성령을 들이마시는 것처럼 상상하여, 호흡방식을 영성훈련의 한 방법으로 강조하는 것이 대표적인 예다.

중세 시대의 신비주의적 영성이해에 반기를 들고 영적 생활의 기초를 성경에서 발견하려고 시도했던 사람들은 마틴 루터, 존 칼빈 그리고 그들의 신앙적 유산을 넘겨받은 청교도 신학자 존 오웬과 같은 사람들이다. 종교개혁가들이 판단하기에 중세 신비주의적 영성 옹호자들은 신앙생활의 무게 중심을 신비적 체험 자체에 두다 보니 그러한 체험이 없으면 심리적인 불안상태를 유발하여 도리어 신앙생활을 위축시킨다고 보았다. 보다 내면적이고 신비한 체험 추구에 초점을 맞추다보니 그들의 영성이해는 제설 혼합주의 내지 우주적인 그노시스 체제 교리로 변질되기 십상이라는 것이다.

따라서 종교개혁가들은 중세 수도원 스타일의 영적인 사람들을 위험한 인물들로 취급함으로써 자연히 영성 개념을 기피하였다. 이러한 종교개혁가들의 전통을 따라 17세기 청교도 신학자들은 영성 개념 대신 신약성경에서 경건 개념을 발견하고 이를 선호하였다. 그들의 경건 개념에는 몇 가지 특징들이 있다.

첫째, 성경을 신앙과 생활의 유일한 신적 표준으로 간주하여 말씀을 통한 양육을 강조한다. 둘째, 모든 경건생활의 궁극적 목표를 하나님을 아는 지식에 둔다. 셋째, 가톨릭 교회의 사제중심주의를 탈피하여 모든 그리스도인들이 제사장이라는 생각을 회복한다. 넷째, 중세 수도원의 은둔주의나 금욕주의를 탈피하여 세상 속에서 말씀과 생활의 일치를 추구한다.

만일 중세의 신비적 영성 개념에 대한 종교개혁가들의 비판이 정당하다면, 우리는 성경이 말하는 '경건'이 도대체 무엇을 뜻하는 개념이며 그것이 현대 기독교인들에게 어떤 신학적이며 실천적인 함축을 지니는지를 밝힐 필요가 있다. 필자는 우선 경건이란 어휘가 아주 빈번하게 등장하는 목회서신에 초점을 두어 그것이 목회서신의 신학과 윤리, 교훈 속에서 어떤 역할을 하는지 탐구할 것이다.

목회서신이 말하는 경건

한글개역성경에서 '경건'(敬虔)을 지칭하는 헬라어는 '유세베이아'다. 특별히 그것은 그리스도인이 어떤 존재인가를 묘사하는 문맥에서 두드러지게 등장한다. 이 술어는 목회서신에서 총 10회가 나타나는데 (딤전 2:2; 3:16; 4:7, 8; 6:3, 5, 6, 11; 딤후 3:5; 딛 1:1; 참고. 행 3:12; 벧후 1:3, 6, 7; 3:11), 그것과 연관된 파생어로 '유세베인' 동사는 1회(딤전 5:4; 참고. 행 17:23), 부사 '유세보스'는 2회에(딤후 3: 12; 딛 2:12) 걸쳐 사용된다.

1. 개념 정의에 대한 다양한 견해들

경건 어휘가 목회서신에서 압도적으로 많이 등장한다는 사실은 주목할 만하다. 하지만 이 술어의 정확한 의미에 대해서는 학자들 사이에 논란거리가 되고 있다. 지금까지 다양한 견해들이 제시되어 왔다. 1) 하나님에 대한 존경의 태도를 가리킨다.[2] 2) 하나님과 사람 모두를 기쁘게 하는 행위를 가리킨다.[3] 3) 창조질서에 주의를 기울이는 믿음에서부터 생겨난 삶의 태도를 가리킨다.[4] 4) 신의 뜻을 아는 지식에 일치하는 삶을 가리킨다.[5]

처음 세 견해는 목회서신의 어떤 문맥에는 들어맞지만 다른 문맥들을 설명하는 데는 부적절할 때가 많다. 그나마 처음 두 견해의 한계를 극복하려고 보다 유연성 있는 해석을 시도한 것이 세 번째 견해다. 그것은 거짓 교사들이 유포한 행습들과는 달리 기독교의 참 믿음은 창조질서에 마땅한 주의를 기울이는 생활과 관련 있다고 하여 목회서신의 논쟁적 배경에 주목하려고 한다. 하지만 경건을 세상과 관련한 신자의 행위에 좁게 초점을 맞춘 것은 목회서신의 다양한 구절들을 제대로 설명하기에는 역시 한계가 있다.

경건 관련 어휘들은 헬레니즘 시대에 보통 장로들, 죽은 자들, 조국, 통치자나 권세자들 또는 노예의 경우에는 주인을 존경하는 태도를 가리켰다고 한다.[6] 이런 경우 경건은 반드시 신에 대한 존경의 태도를 가리킨 것은 아니었다. 하지만 디아스포라 유대교에서 그것은 점차로 하나님을 경외하는 태도를 가리키기 시작하였다.

70인경에 등장하는 유세비이아는 히브리어 '이레아'를 번역한 술어일 수 있다(참고. 사 11:2; 33:6; 잠 1:7). 그렇다면 그것은 하나님을 "두려워 함" 또는 "경외함"을 뜻하는 술어고, 위에서 인용한 구약 구절들은 경외의 태도가 한 분 참 하나님을 아는 지식에 뿌리를 두고 있음을 분명하게 시사해 준다. 립스의 공헌이 있다면, 헬라 문헌에서도 경건은 단순히 신들에 대한 존경을 나타내기보다 바른 존경심을 위해 필요한 지식까지 내포한 개념이라는 사실이다.[7]

2. 경건의 표준으로서 진리를 아는 지식

참된 경건에 진리에 대한 바른 지식이 필요하다는 사실은 목회서신 여러 곳에서 확인할 수 있는데, 대표적인 구절이 디도서 1:1~2a다.

"**하나님의 종이요 예수 그리스도의 사도인 바울 곧 나의 사도된 것은 하나**

님의 택하신 자들의 믿음과 경건함에 속한 진리의 지식과 영생의 소망을 인함이라 ….”

상기 구절에서 주목해야 할 것은 "경건함에 속한 진리의 지식"이란 표현이다. 이것은 바울이 사도가 된 표준을 언급하는 가운데 등장한다. 한글개역성경은 '카타' 전치사를 '~에 속한'으로 번역하였지만 본래 의미는 '표준'(in accordance with)을 함축한다. 목회서신에서 구원은 진리를 아는 것과 밀접한 연관성이 있으며(딤전 2:4), "진리의 지식"은 또한 "믿음을 가지다"를 뜻하는 또 다른 친숙한 술어다(딤전 4:3; 참고. 딤후 2:25; 3:7; 딛 1:1).

그렇다면 참된 경건의 표준은 진리를 아는 지식 또는 진리의 내용인 그리스도를 아는 지식이며, 진리를 아는 지식에서부터 새로운 삶의 방식(=경건)이 생겨난다고 할 수 있다.[8] 뿐만 아니라 목회서신은 경건과 교훈의 밀접한 연관성을 강조한다. 즉 그리스도인이라면 "그리스도의 말씀과 경건에 관한 교훈에 착념"(딤전 6:3)해야 한다. 그리스도의 말씀과 경건에 관한 교훈은 평행적인 위치에 있어서 전자가 후자와 동일시된다는 것을 알 수 있다.

"경건에 관한 교훈"이란 표현 속에도 표준을 뜻하는 '카타' 전치사가 포함되어 있다. 이것은 경건이 그리스도의 말씀 곧 모든 바른 교훈의 표준이라는 것을 시사해 준다. 바른 교훈 또는 그리스도의 말씀이 항상 경건을 지향한다는 사실은 방금 전에 지적한 바 있다. "그리스도의 말씀"이란 표현은 목회서신에서 과거에 있었던 그리스도 사건과 자주 연결된다. 디모데전서 3:16은 그리스도 사건에 대한 교훈을 "경건의 비밀"로 묘사한다. 이 구절은 경건 개념이 과거 그리스도 사건과 현시대의 구원에 어떤 관계를 맺고 있는지를 잘 드러내 준다. 목회서신에서 경건은 그리스도를 아는 지식에서 생겨나는 새로운 삶의 방식을 가르쳐 준다.

그런데 위의 구절은 그리스도 사건과 그 선포가 구원 얻은 자의 삶의 방식과 밀접한 관계를 맺고 있음을 함축한다. 바울은 15절에서 디모데가 공동체 가운데서 어떻게 행동해야 할 것을 강조한 뒤에 16절에서 곧바로 "경건의 비밀"인 그리스도 사건에 대해 설명하기 시작한다. 이 소유격 표현에서 '비밀'은 전에는 감추어졌으나 지금은 계시된 그리스도를 지칭한다면, '경건'은 "신앙인식(Glaubenserkenntnis)"이란 개념과 그에 상응하는 행위를 단일체로 통합시킨다.⁹

모든 바른 교훈의 중심 내용인 그리스도 사건이 참된 경건을 산출하는 능동적 동인이라는 것은 디도서 2:11~14의 내용이다. 여기서 그리스도 사건은 과거에 나타난 구원하시는 하나님의 은혜로 묘사되고, 그것은 특이하게도 그리스도인들을 "양육하는" 능력이 있어 그들을 회심으로 인도하고 새로운 삶의 방식을 산출한다고 설명한다. '경건'은 그리스도의 사건이 산출하는 새로운 삶의 양식 가운데 포함되어 있다(12절). 더욱이 "선한 일에 열심하는 친백성이 되"(14절)는 것은 죄인들을 위한 그리스도의 구속사건이 성취하고자 하는 목적으로 강조되기도 한다(14절). 따라서 경건은 그리스도 사건이 산출하는 효과이면서 동시에 그것이 성취하려는 목적이다.

우리는 지금까지 경건의 지식적이고 실천적인 측면을 밝히려고 시도해 왔다. 구원뿐만 아니라 경건도 그리스도 사건에 대한 신앙인식에서 생겨난다는 점에서 두 개념 모두 목회서신의 구원론적 강조점과 내면적으로 연결되어 있다. 이를 단계적으로 요약하면,

- 구원과 관련하여
(1) 구원은 진리를 아는 지식 또는 믿음을 통해 경험된다.
(2) 진리의 지식은 그리스도 사건에 대한 신앙인식에 뿌리를 둔다.
(3) 과거 그리스도 사건에 대한 믿음은 현재의 구원을 가능케 한다.
(4) 구원의 표준은 진리 또는 그리스도를 아는 지식이다.

- 경건과 관련하여
(1) 경건의 표준은 진리를 아는 지식 또는 그리스도를 아는 지식이다.
(2) 진리를 아는 지식에서부터 새로운 삶의 양식(=경건)이 산출된다.

(3) 경건은 모든 바른 교훈의 표준이며 지향 목표다.
(4) 그리스도 사건에 대한 선포는 바른 교훈의 중심 내용이다.
(5) 그리스도 사건은 경건한 삶을 산출하는 교육적 기능을 가진다.
(6) 새로운 삶의 양식(=경건)은 그리스도의 사건이 성취하려는 목적이다.

이들 명제는 목회서신의 주요 관련 구절들의 주석을 통해 확인한 것들이다. 여기서 우리는 목회서신의 저자가 구원과 경건의 표준으로서 진리를 아는 지식을 얼마나 강조하는지를 확인할 수 있다. 그리스도 사건에 뿌리를 둔 "진리의 지식"을 갖는 것이 구원을 얻게 만들고 경건을 산출한다. 그렇다면 목회서신이 말하는 경건이란 그리스도를 아는 지식에서 생겨나는 새로운 삶의 양식이라고 결론지을 수 있을 것이다.

만일 경건을 디벨리우스나 푀르스터처럼 정의한다면, "무릇 그리스도 예수 안에서 경건하게 살고자 하는 자는 핍박을 받으리라"(딤후 3:12)는 바울의 진술은 불가해진다. 신자들이 세상의 표준을 따라 살고자 할 뿐이라면 왜 그들이 세상에서 핍박을 받겠는가? 하지만 경건이 그리스도를 아는 지식에서 파생된 특정한 삶의 방식을 가리키기 때문에, 적대적인 세상에서 핍박을 불러일으킨다고 보는 것이 훨씬 더 타당하다.

구원으로 인도하는 참 지식은 또한 새로운 삶을 가능케 만든다. 그것은 추상적이고 이론적인 차원에서만 머무는 지식이 아니라 구체적이고 실천적이다(딤후 3:12; 딛 2:12). 그러므로 진리를 앎으로 새로운 존재가 된 사람은 가난한 과부를 돌보고 가족의 의무들을 실행하는 자며(참고. 딤전 5:1~16),[10] 옷을 단정하게 입고(딤전 2:9~10), 세상에서도 하나님과 사람을 기쁘게 하는 삶이 무엇인지 아는 자다(참고. 딤전 2:1~3).

3. 거짓 교사들의 오류에 대한 반박

목회서신은 왜 바울의 다른 서신들과 달리 유독 참 경건의 표준으로서 "진리의 지식"을 강조할까? 최근 대부분의 신약학자들은 지식에 대한 바울의 강조가 에베소와 그레데 교회에 침투한 거짓 교사들의 그릇된 가르침으로 인해 야기되었다는 것에 동의한다. 그들은 그릇된 종류의 것이기는 하지만 어떤 형태의 지식 체계를 가르쳤던 것으로 보인다. 이것은 디모데전서 6:20에서 분명하게 나타난다.

거짓 교사들이 가르친 '그노시스'에 대해 바울은 '거짓된' 것이며 '망령되고 공허한 말과 변론'에 불과하기 때문에 이를 피하라고 명한다.

"네게 부탁한 것을 지키고
거짓되이 일컫는 지식의 망령되고 허한 말과 변론을 피하라"(딤전 6:20).

어떤 영어 번역들은 소유격 문구인 '거짓되이 일컫는 지식'이 바로 앞에 위치한 '변론'만 수식하고 '망령된 허한 말'과는 관계없는 것으로 만들었다(KJV, NAB, NIV). "망령된 허한 말들과 거짓되이 일컫는 지식의 변론들을 피하라."

하지만 '허한 말'과 '변론'이 동일한 정관사에 의해 함께 연결되기 때문에 한글개역성경처럼 형용사 '망령된'이 허한 말과 변론을 함께 수식하고, 그것들은 소유격 문구인 '거짓되이 일컫는 지식'에 의해 수식되는 것으로 번역하는 것이 더 타당하다(RSV, NET). "거짓되이 일컫는 지식의 망령된 허언과 변론을 피하라." 이 번역을 취하면 망령된 허언(虛言)과 변론들은 거짓 교사들의 거짓되이 일컫는 지식에 뿌리를 둔 것들이라고 할 수 있다. 여기서 바울은 거짓 교사들의 거짓된 지식 체계를 그리스도의 말씀 또는 바른 교훈에 뿌리를 둔 진리의 지식과 날카롭게 대조시킨다.

그렇다면 바울 사도가 거짓 교사들의 '그노시스'를 가리켜 본질적으로 거짓되고 기껏해야 망령된 허언과 변론들을 일으킬 뿐이라고 판단한 이유는 어디에 있을까? 그리고 그들의 그노시스 체계가 바울이 강조하는 진리의 지식과 어떤 면에서 결정적인 차이를 나타낼까? 이런 질문에 답변하려면 우리는 에베소와 그레데 교회에 침투한 거짓 교사들의 정체와 그들의 주장이 무엇인지 살펴볼 필요가 있다.

바울은 자신이 공격하는 거짓 교사들의 정체를 처음부터 분명하게 정의하지 않고 그들을 묘사하는 언어도 상당히 논쟁적인 성격을 띤다. 그들의 정체와 가르침에 관한 정보가 넌지시 던져 주는 정도일 뿐 충분하지 않지만, 본문을 통해 그들의 정체와 가르침에 대해서 몇 가지 확인할 수는 있다.

첫째, 그들은 "신화와 끝없는 족보들"을 가르치던 자들이었다(딤전 1:4). '신화'는 목회서신에서 4회 등장하는데(딤전 1:4; 4:7; 딤후 4:4; 딛 1:14; 참고. 벧후 1:16) 이들 구절에서는 허구적인 이야기나 우화를 가리키며 사도적 교훈과 반대되는 위치에 있다. '족보'란 말은 목회서신에서 두 번만 등장하는데, 한 번은 신화와 함께 등장하고(딤전 1:4) 다른 한 번은 독립적으로 등장한다(딛 3:9). 그것은 일반적으로 조상들의 이름을 나열한 목록을 가리킨다.[11]

주목할 만한 사실은 목회서신에서 "신화와 족보"에 관한 논쟁들이 유대적인 배경을 지녔고(딛 1:14, "유대인의 신화"), 율법에 관한 변론들 또는 거짓 교사들의 율법에 대한 이해와 연관이 있다는 것이다(딤전 1:4,7). "신화와 족보"의 구체적인 내용이 무엇인지에 대해 학자들마다 다양한 견해들이 개진되고 있지만,[12] 대부분의 학자들은 그것이 구약의 족보나 창조와 같이 초기 역사에 관한 유대적 사변들을 영지주의적으로 적용시킨 내용이라는 점에 동의한다.[13] 디도서 1:14~15에서 유대인들의 사변들과 그것에 기초한 "사람들의 명령들"은 구약의 정결법에 기초한 유대인들의 음식법과도 연관된 것으로 보인다(참고. 딤전 4:3, 7).

둘째, 거짓 교사들은 망령된 허언과 변론들만 일으키는 거짓된 지식을 추구했던 것으로 보인다(딤전 6:20). 따라서 그들은 자연히 "믿음에서 벗어났고"(딤전 1:6, 19; 5:15; 딤후 4:4) 기독교 신앙에 대한 참된 지식을 거부한 것이 분명하다. '그노시스'라는 말이 거짓 교사들의 가르침을 특징짓는 중요한 용어가 된 것을 보면 그들은 이미 영지주의적인 방향으로 움직이고 있었다는 것을 보여 준다.

디모데후서 2:15~18을 보면 이들 거짓 교사들이 잘못된 부활교리를 주장했다는 것을 알 수 있다. 문맥을 조심스럽게 살펴보면, 바울은 디모데에게

"진리의 말씀"을 올바로 분변하라고 가르치면서, "망령되고 헛된 말"을 피하라고 명한다. 거짓 교사들의 "망령되고 헛된 말"은 17절에서 "저희 말"로 묘사된다. 바울은 "진리"에서 벗어난 거짓 교사들 중에 특별히 후메네오와 빌레도를 언급하는데, 그들은 부활이 이미 지나갔다고 가르치던 자들이었다(딤전 6:20~21; 참고. 딤후 2:15~18).

또한 목회서신에서 "망령되고 헛된 말"은 "변론"과 밀접한 관련이 있는데, 그것들은 모두 거짓 교사들의 거짓된 '그노시스'에 기초한 것이었다(딤전 6:20). 그렇다면 부활이 이미 지나갔다는 거짓 교사들의 가르침이 디모데전서 6:20에 언급된 "거짓되이 일컫는 지식"의 핵심 내용을 구성한다는 것은 의심할 여지가 없다.[14]

셋째, 거짓 교사들의 행태를 암시하는 목회서신의 구절들을 살펴보면 그들이 사람들에게 금욕적인 가르침을 선전했던 것이 분명하다. 그들은 결혼을 금하고 어떤 음식은 먹지 말라고 요구하였다(딤전 4:3). 그들이 얼마나 영지주의적 이원론에 기초해서 금욕을 요구했는지는 분명치 않다. "깨끗하고 부정한" 음식에 대한 관심이 디모데전서 4:3~5에 나타나는데, 이것은 "유대인의 신화"와 깨끗한 것과 부정한 것을 구분하는 "사람들의 명령"에 대해 바울의 비판과 평행을 이룬다(딛 1:14~15).

앞에서 거짓 교사들의 가르침이 유대교적이며 영지주의적 특징들을 공유한다는 사실을 이미 지적한 바 있다. 그렇다면 그들의 가르침이 지닌 금욕적 경향은 정결법과 음식법에 관한 유대적 행습들이 영지주의적인 동기와 결합하여 나타난 현상이라 할 수 있다.

바울은 에베소와 그레데에 침투한 거짓 교사들의 가르침에 대해 여러 다양한 술어들을 동원하여 비판한다. 그것은 본질적으로 "귀신의 가르침"(딤전 4:1)이며 사람들 사이에서 망령된 허언과 변론과 다툼을 일으킬 뿐이며 바른 교훈에 기초한 진리의 지식을 거부하게 만듦으로써 결과적으로 그리스도인의 경건생활에 치명적인 해악을 끼친다.

'그노시스'에 초점을 둔 거짓 교사들의 가르침은 아마도 지식과 실천 간의 균형을 깨뜨리고 전자만을 일방적으로, 그것도 그릇되게 강조한 것으로 보인다. 진리를 아는 참된 지식에서 새로운 삶의 양식이 생겨나는 것과는 달리, 거짓 교사들의 그릇된 그노시스 가르침은 사람들로 하여금 경건치 아니한 데로 점점 더 나아가게 만든다. 이 점은 여러 구절들을 통해 확인된다.

디모데전서 1:5-6
"경계의 목적은 청결한 마음과 선한 양심과 거짓이 없는 믿음으로 나는 사랑이거늘."
"사람들이 이에서 벗어나 헛된 말에 빠져"(9-10절에서 악행 목록이 언급된다).

디모데전서 4:7
"망령되고 허탄한 신화를 버리고 오직 경건에 이르기를 연습하라."

디모데전서 6:3-5
"누구든지 … 경건에 관한 교훈에 착념치 아니하면
저는 교만하여 아무것도 알지 못하고 변론과 언쟁을 좋아하는 자니 …
마음이 부패하여지고 진리를 잃어버려 경건을 이익의 재료로 생각하는 자들의 다툼이 일어나느니라."

디모데후서 2:16
"망령되고 헛된 말을 버리라 저희는 경건치 아니함에 점점 나아가나니."

디모데후서 2:23
"어리석고 무식한 변론을 버리라 이에서 다툼이 나는 줄 앎이라."

디도서 1:14, 16

"유대인의 허탄한 이야기와 진리를 배반하는 사람들의 명령을 좇지 않게 하려 함이라."
"저희가 하나님을 시인하나 행위로는 부인하니 … 모든 선한 일을 버리는 자니라."

디도서 3:9, 11

"어리석은 변론과 족보 이야기와 분쟁과 율법에 대한 다툼을 피하라 … 무익한 것이요 헛된 것이라."
"이러한 사람은 … 부패하여서 스스로 정죄한 자로서 죄를 짓느니라."

목회서신에 두루 발견되는 이런 구절들은 '그노시스'에 초점을 둔 거짓 교사들의 가르침이 지식과 삶의 연결점을 어떻게 무너뜨렸는지를 극명하게 보여 준다. 그들은 '경건의 모양'은 나타냈으나 그 능력을 부인한 자들이었다(딤후 3:5). 주변 문맥에서 악목(惡目)들이 나열되는 것을 보면(2~4절) 경건의 모양은 단순한 외적 행위 이상의 어떤 것을 염두에 둔 것으로 보인다. 그것은 혹시 디모데전서 4:8a에 언급된 "육체의 연습"이란 표현과 연관된 것일 수 있다.

바울은 7절에서 "망령되고 허탄한 신화를 버리고 경건에 이르기를 연습하라"고 권면한 뒤에 8절에서 "육체의 연습"과 "경건"을 대조시킨다. 이것은 "망령되고 허탄한 신화"가 "육체의 연습"과 모종의 연관성을 지닌다는 것을 암시한다. 그리고 1~3절은 거짓 교사들이 결혼을 금하고 특정한 음식들을 피하는 금욕적 행습들을 실천한 사람들이었음을 암시하는데, 바울은 그런 금욕적 요구들을 "귀신의 가르침"으로 묘사한다(1절). 그렇다면 바울이 평가절하시킨 '경건의 모양' 또는 '육체의 연습'은 거짓 교사들이 실천했던 금욕적 행습들을 지시하는 것이 분명하다.

망령되고 허탄한 신화와 족보 이야기, 율법에 대한 사변적 논쟁들, 금욕적 요구들은 모두 거짓 교사들이 가르쳤던 '그노시스' 체계에 기초한 것이지만,

그들의 지식 위주의 접근방식은 망령된 허언과 변론과 다툼을 일으킬 뿐 사람들을 변화시켜 새로운 삶을 살도록 만들 능력이 없었다. 그것은 오히려 사람들이 "경건치 아니함에 점점 나아가도록"(딤후 2:16) 만들었다. 사변적인 지식에만 초점을 맞추고 실천적인 결과들을 소홀히 한 거짓 교사들은 그리스도인의 존재에 대한 왜곡된 접근을 하게 만든 것이다.

바로 이런 배경 때문에 바울은 목회서신에서 지식과 삶의 균형을 깨뜨린 거짓 교사들의 왜곡된 접근을 바로잡기 위해 그리스도를 아는 지식과 거기서 생겨나는 새로운 삶의 실천을 적절하게 통합시키는 방식으로 경건 개념을 제시한 것이 분명하다. 참된 경건을 추구하는 사람은 공동체 안에서나 세상에서 하나님에 대한 참된 지식과 그에 일치하는 타당한 삶의 방식을 올바로 통합할 줄 아는 사람이다.

특별히 목회서신에서 '믿음'과 '경건'은 서로 밀접하게 연관된다(딛 1:1). 두 개념들의 빈도수가 증명해 주듯이, 그것들은 목회서신의 신학과 윤리를 구성하는 중심 개념들이다.[15] '믿음'은 그리스도와 그에 관한 선포에 대한 신뢰 행위며 목회서신에서 본질적으로 기독교 진리 또는 사도적 케류그마에 관한 신앙인식(Glaubenserkenntinis)을 내포한 개념이다. 따라서 진리를 안다는 것과 믿는다는 것은 서로 교환적으로 사용된다.

이와는 대조적으로 '경건'은 그리스도인의 존재를 진리의 지식이 산출하는 새로운 삶의 방식의 관점에서 묘사한 개념이다. 새로운 삶은 항상 하나님을 아는 참된 지식 또는 그리스도에 대한 믿음에서 생겨나기 때문에, 참된 지식 또는 거짓이 없는 믿음이 경건의 표준이다. 믿음이 그리스도인의 존재를 그리스도와의 신뢰 관계에서 묘사할 때 쓰이는 용어라면, 경건은 그리스도인의 존재를 이 신뢰 관계가 산출하는 새로운 삶의 전망에서 이해할 때 등장하는 용어다.

그렇다면 믿음은 신앙의 인지적 측면에 초점을 둔다면 경건은 그것이 산출하는 새로운 삶의 방식에 초점을 둔다고 할 수 있다. 거짓 교사들의 사변적이고 금욕적인 지식은 기독교 구원론을 심각하게 왜곡함으로써 신앙과 실천의 간극을 벌여놓는 데 성공한 것으로 보인다. 아마도 그들이 사용한 '경건'이 란 말은 거의 전적으로 지식에만 초점을 둔 왜곡된 개념이어서 변화된 새로운 삶을 좌절시키고 금욕적 행습, 자유방임주의, 망령된 허언과 변론과 다툼, 부도덕한 생활에 빠지게 만들었을 것이다.

결론적 제언

기독 교회의 역사는 이단과 거짓 교사들의 가르침에 노출되어 작용, 반작용의 과정을 겪어왔다. 그들은 대부분 기존 교회의 취약한 부분을 뚫고 들어와 사도들이 선포한 정통 교훈을 왜곡시키고 변질시킴으로 결국 그것에 기초한 그리스도인의 영적생활을 무너뜨리려고 시도하였다.

이 점에서 목회서신은 세속주의, 자유주의, 교조적 보수주의, 후기 현대주의, 이단과 사이비의 침투에 직면해 있는 현대 한국 교회에 아주 중요한 교훈을 던져 준다. 한국 교회 일각에서는 그리스도인의 존재를 이해할 때 지식에만 일방적인 초점을 둔 지성주의적 경향이 엄존하고, 때로는 주관적이고 신비적인 감정에만 초점을 둠으로써 감성주의적 경향이 거센 파도처럼 다가오고 있다. 지성주의적 접근방식은 사람들에게 경건의 능력을 상실하게 만들고 결국 지식과 실천의 간극을 벌여놓은, 목회서신의 거짓 교사들의 그릇된 전철을 다시 밟게 만들 수 있다.

오늘날 한국 교회가 세속주의와 후현대주의 물결 앞에 무기력한 모습을 보이는 것은 새로운 삶을 산출할 수 있는 경건의 능력을 상실했기 때문이다. 거짓 교사들이 "항상 배우나 마침내 진리의 지식에 이를 수 없었고"(딤후 3:7) "경건의 모양은 있으나 경건의 능력을 부인하는 자"(딤후 3:5)가 된 것은 하나님을 아는 참된 신앙인식을 가지지 못했기 때문이다. 이 점에서 목회서신이 던져 준 중요한 교훈들 중의 하나는 경건의 표준이 진리를 아는 지식에 있다는 사실이다.

바울이 말하는 지식은 서구 사람들이 말하는 중립적이고 객관적이고 분석적인 지식이 아니다. 하나님을 아는 지식은 그리스도의 구속의 은혜를 경험하고 새로운 존재가 된 사람이 가지는 실천적 지식이며, 본질적으로 "청결한 마음과 선한 양심과 거짓이 없는 믿음으로 나는 사랑"(딤전 1:5)에서 생겨난다. 바른 교훈은 경건한 삶을 지향하고, 경건은 바른 교훈에 대한 참된 지식에서 생겨난다. 하나님 또는 진리에 대한 영적 깨달음은 사람들의 삶을 변화시키는 능력이 있다.

오늘날 한국 교회의 일각에는 중세 수도원적 영성 개념을 도입하여 영적 생활을 내면의 주관적 체험에 초점을 두어 접근하려는 경향이 있다. 물론 기독교는 신앙의 정서적 차원을 결코 무시하지 않는다. 성령 안에서의 삶은 마음에 평안과 기쁨의 정서를 가져다준다(롬 14: 17; 갈 5:21~23). 하지만 이러한 정서 역시 하나님을 아는 지식과 동떨어진 것이 아니다. 초대 교회에서 성령이 주는 기쁨과 감격은 흔히 선포된 말씀을 듣고 깨달을 때 동반된다.

데살로니가인들은 환난과 핍박 중에서도 "성령의 기쁨으로 도를 받아 주를 본받는 자가 되었는데"(살전 1:6), 이것은 복음이 말로만 아니라 "오직 능력과 성령과 큰 확신으로"(5절) 그들에게 전달되었기 때문이다. 예수께서도 동일한 진리를 교훈하셨다. 천국은 그리스도의 말씀이 사람들의 마음 밭에 뿌려지는 것과 같다. 사람들은 말씀을 듣고 깨달을 때 천국을 경험하는데, 그것은 마치 사람이 길을 가다가 밭에 감추인 보화를 발견하고 숨긴 뒤에 "기뻐하며" 집으로 돌아가 자신의 모든 재산을 다 팔아 밭을 산 것과 같다(마 13:23, 44). 여기서 기쁨의 정서는 그리스도께서 선포한 말씀에 대한 깨달음과 연관된다.

기쁨을 동반한 진리의 지식이 사람들로 하여금 열매 맺는 삶을 살게 만든다. 그런데 만일 한국 교회가 중세 수도원의 영성훈련 방식을 무비판적으로 수용하면, 지식과 실천의 균형을 유지하려고 했던 바울의 강조점을 상실하게 될 지도 모른다. 자신을 비워 하나님의 충만함이 자신 안에 흘러들어오도록 수련하는 부정적 영성훈련 방식이든, 모든 생각들을 하나님께 집중할 수 있도록 정신적 영상들을 활용하는 긍정적 영성훈련 방식이든 하나님의 말씀에 대한 바른 지식과 그것에서 생겨나는 삶의 실천을 강조하는 바울 사도의 경건 개념과는 거리가 먼 것일 수 있다.

하나님과의 신비적 일치를 추구하기 위해 동원했던 고행, 고된 자기훈련, 명상의 방식들, 하나님을 향한 영혼의 상승 과정을 통한 신화(神化) 추구 등은 자칫 위험한 제설 혼합주의로 변질될지도 모른다. 신앙을 오직 신비적 체험 그 자체에 초점을 맞추기 시작하면 그러한 체험이 사라지면 마음의 불안을 유발시키고 영적인 삶의 본질을 오히려 위축시킬 수 있다.

이런 의미에서 종교 개혁가들이 성경을 신앙과 행위의 유일한 신적 표준으로 삼아 말씀을 통한 양육을 지향한 것은 지당한 접근이다. 그들은 하나님을 아는 참된 지식이 사람들의 삶을 변화시켜 하나님을 예배케 하고 순종하게 하며 영원한 소망을 갖게 만든다고 생각하였다. 그렇게 함으로써 그들은 고행과 같은 금욕적 행습들에 기대기보다 인간 중심에서 하나님 중심으로 돌아와 하나님의 계시의 토대 위에 자신을 세우고 그것을 통해 하나님과 교제하고 영적 성숙의 삶을 추구하려고 하였다.

그들은 또한 수도원에 은둔하여 생활하는 소수의 수도승들의 세상 도피적 영성 이해를 비판하고 모든 성도들이 하나님의 백성이요 제사장이란 생각을 확립하였다. 말씀과 생활의 일치를 실천해야 할 곳은 수도원이 아니라 세상의 모든 장소며 그것을 실천해야 할 사람들도 소수의 수도승이 아니라 모든 성도들이다.

무엇보다 종교 개혁가들은 믿음으로 말미암는 칭의 교리를 종교개혁의 신학적 원리로 삼으면서도 거기에 머물지 않고 이신칭의 교리와 그에 따르는 윤리적 행동을 균형 있게 통합시키려고 하였다. 신앙과 청렴 고결한 생활은 특히 종교 개혁가들의 정신을 이어받은 청교도들의 경건생활에서도 잘 나타난다. 그들은 일상생활 가운데서 하나님을 사랑하고 이웃을 사랑할 줄 아는 순수하고 실제적인 생활 자체를 하나님 앞에서 참된 경건이라고 생각하였다(약 1:27).

필자는 목회서신이 가르치는 경건 개념이 종교 개혁가들의 사상과 본질적으로 다르지 않다고 생각한다. 하나님을 아는 지식에서 생겨나는 새로운 삶의 방식이 참된 경건이라면, 그것이 바로 한국 교회가 회복해야 할 점이 아닐까!

02

목회서신에 나타난 소테르

들어가는 말

인간을 범죄와 아픔 가운데서 구원으로 이끄는 하나님의 구원 역사는 구약성경뿐만 아니라 신약성경에서도 볼 수 있다. 인생살이에서 반복되는 일과와 삶의 흔적은 때론 어떤 의미로든지 사람들에게 절망을 준다. 그런가 하면 삶의 자취에서 나타나는 그 흔적으로 고민하기도 하지만, 그 아픔 가운데서 구원으로 이끄는 하나님의 구원 계획을 본다. 구약성경에는 반복되는 이스라엘의 범죄에도 끊이지 않는 하나님의 구원 역사가 나타난다.

구약성경뿐만 아니라 신약성경에서도 마찬가지다. 사람은 절망할 수밖에 없는 존재다. 아담 안에서 사람은 전적으로 타락하여 자기의 힘으로는 구원에 이를 수가 없고(참고. 롬 5장). 구원의 길은 멀고도 험난하기 때문이다.

사도 바울이 제자 디도에게 "우리도 전에는 어리석은 자요 순종치 아니한 자요 속은 자요 각색 정욕과 행락에 종 노릇한 자요 악독과 투기로 지낸 자요 가증스러운 자요 피차 미워한 자이었으나"(딛 3:3)라고 한 언급에서 절망하는 바울의 모습을 볼 수 있다. 무엇이 바울을 그토록 절망케 만들었을까? 그것은 다름 아닌 바울이 그토록 싫어했던 죄다(롬 7:17). 인간이 어쩌지 못하는 상황 속에서 하나님의 구원의 길이 소테르를 통해 주어진다. 하나님의 구원은 하나님의 전적인 사랑의 은혜를 따라 이루어진 것이다. 하나님께서 그들에게 긍휼로 은혜를 베푸셨다.

신약성경에서 소테르는 "높임 받은 주님에 대한 믿음의 기초"를[1] 제공한다. 그런 만큼 소테르에 대한 구원적인 의미를 살피며 목회서신 특히 디도서에서 소테르의 특징을 찾는 것, 즉 소테르를 통해 말하고자 하는 하나님의 구원 사상을 찾는 것도 목회적인 중요한 가르침이라고 생각한다. 그러면 먼저 신약성경 전체에서 소테르가 어떤 위치에 있는지 살펴보자.

신약성경에서 소테르의 위치

구약성경에서 하나님의 구원 활동을 나타내는 칭호 중 "구주" 혹은 "구세주"란 의미를 가지는 헬라어로 '소테르'는 적절한 칭호다. 이것은 구약성경에서는 하나님을 이르는 칭호로 사용되었고 신약성경에서는 하나님의 칭호로 사용되면서 아울러 예수의 칭호로도 사용되었다. 특히 신약성경에는 24번 사용되면서 신약성경의 구원 사상을 집약적으로 나타낸다.

신약성경에서 소테르가 하나님의 칭호와 예수의 칭호로 사용된 예를 보면 아래와 같다.

> 예수의 칭호- 눅 2:11; 요 4:42; 행 5:31, 13:23; 엡 5:23; 빌 3:20; 딤후 1:10; 딛 1:4, 2:13, 3:6; 벧후 1:1, 11, 2:20, 3:2, 18; 요일 4:14
>
> 하나님의 칭호- 눅 1:47; 딤전 1:1, 2:3, 4:10; 딛 1:3, 2:10, 3:4; 유 1:25

소테르 칭호가 위 예에서 보다시피 복음서와 사도행전에서 하나님의 칭호와 예수의 칭호로 사용된다(예수의 칭호- 눅 2:11, 요 4:42; 행 5:31, 13:23; 하나님의 칭호- 눅 1:47). 사도행전 5:29~32을 보면 하나님이 예수를 소테르로 세움에 대하여 말한다. 하나님이 소테르라는 사상은 구약성경의 전승을 신약성경의 저자들이 그대로 인정하고 받아들인 것으로 보인다.

신약성경에서 예수를 소테르 칭호로 나타내는 문제는 신약의 구원 사상에서 중요한 위치를 차지한다. 신약성경의 소테르 칭호를 로마 황제 숭배 사상과 연관지어 생각하는 이들이 있다. 황제 숭배에서 황제를 소테르로 칭하는 것에 반대하는 신약성경의 저자들이 진정한 소테르는 로마 황제가 아니라 예수 그리스도라는 것을 말하고자 예수 그리스도에게 소테르란 칭호를 붙였다는 것이다. 그러나 만약 신약성경의 저자들이 로마 황제를 소테르라고 칭하는 것에 반대하여 예수를 진정한 소테르라고 칭한다는 정치적인 배경에서 소테르라는 칭호가 나왔다면,[2] 신약성경도 한 시대의 산물에 지나지 않으며 그렇다면 성경의 참 가치를 발견하기는 어려우리라고 본다.[3]

실제로 신약성경의 소테르 칭호는 로마 황제 숭배 사상에서 황제를 소테르라고 공식적으로 사용한 시기보다 앞선다.[4] 따라서 신약성경의 저자들이 구약에서 하나님의 칭호였던 소테르 칭호를 예수에게 적용한 것은 기독론적인 관심에 따른 것으로 보인다.[5] 예를 들어 누가복음 2:11에서 소테르는 예수 탄생 기사에 나타난다. "너희를 위하여 구주가 나셨으니"란 천사의 예수 탄생 소식에 나타나는 소테르는 예수의 구원론적인 의미를 보여 준다. 또 예수의 탄생 기사와는 반대로 사도행전 5:31은 소테르 칭호를 예수의 죽음과 관련하여 말하고,[6] 요한복음 4:42은 예수의 구원론적인 의미를 "세상의 구세주"란 칭호를 통해 확대한다.

바울서신에서 소테르 칭호는 옥중서신과 목회서신에만 나타난다. 이 칭호는 하나님의 칭호와 아울러 예수의 칭호로도 사용된다(하나님의 칭호- 딤전 1:1, 2:3, 4:10; 딛 1:3, 2:10, 3:4; 예수의 칭호- 엡 5:23; 빌 3:20; 딤후 1:10; 딛 1:4, 2:13, 3:6). 그 중에서도 하나님의 칭호는 목회서신에만 나타난다.

일반서신에서는 소테르가 하나님의 칭호로는 유다서 1:25에 단 한 번 사용되고 예수의 칭호로는 베드로후서 1:1, 11; 2:20; 3:2, 18; 요한일서 4:14에 6번 사용된다.

이와 같이 소테르는 복음서와 사도행전, 바울서신과 일반서신에서 하나님과 예수의 칭호로 사용된다. 그러나 요한계시록에는 소테르라는 말이 나오지 않는다. 그럼에도 요한계시록에서 '소테리아(구원)'라는 말이 세 번이나 하나님과 그리스도와 관련되어 7:10에 나타나고, 오직 하나님과 관련하여서는 12:10과 19:1에 나타난다.

목회서신에서의 소테르

목회서신에서 소테르가 하나님의 칭호로 6번(딤전 1:1, 2:3, 4:10; 딛 1:3, 2:10, 3:4) 사용되고 예수의 칭호로 4번(딤후 1:10; 딛 1:4, 2:13, 3:6) 사용된다. 디모데전서 2:3~6에서 소테르는 하나님이지만, 소테르이신 하나님의 구원을 말하면서 하나님과 사람 사이의 중보자 그리스도 예수를 "모든 사람을 위하여 자기를 속전으로 주신" 분으로 소개한다(딤전 2:6). 또한 디도서 2:11~14에서 그리스도의 "우리를 구속하심"으로 "우리를 깨끗하게 하사 선한 일에 열심 하는 친백성이 되게 하려 하심"은, 이스라엘이 하나님의 소유가 된 시내 산 언약을 기억나게 한다.

1. 하나님의 칭호로 사용된 소테르

신약성경에서 하나님을 소테르라고 칭하는 곳은 8곳인데, 누가복음 1:47, 디모데전서 1:1, 2:3과 4:10, 디도서 1:3, 2:10, 3:4과 유 1:25, 중에서 누가복음과 유다서 외에는 모두 목회서신이다. 디모데전서 1:1에서 "우리 구주 하나님"과 "우리 소망이신 그리스도 예수"가 병행으로 나타난다. 이 구절에서 저자는 바울의 "그리스도 예수의 사도"됨을 "우리 구주 하나님"과 "우리 소망이신 그리스도 예수"의 명령을 따라 된 것임을 밝힌다. 바울의 사도됨의 출처를 하나님과 그리스도께 둠으로써 일종의 공식구를 만드는 것이다.

이러한 공식구는 로마서 16:26과 디도서 1:3에서도 볼 수 있는데, 로마서 16:26과 디도서 1:3은 디모데전서 1:1과는 다르게 명령의 출처를 "하나님"

께만 둔다. 디모데전서 1:1에서 하나님을 소테르로 칭하고 그리스도 예수를 "우리의 소망"으로 묘사하는 것이 독특하다. 하나님의 칭호로 소테르를 사용하는 것이 바울에게는 생소하다.

디모데전서 2:3에 하나님을 소테르로 언급한 부분이 나타난다. "우리 구주 하나님"(딤전 2:3)이란 칭호가 이제 2:5에 오면 "하나님"과 "중보자"가 평행으로 나타난다. 그 중보자는 바로 "사람이신 그리스도 예수"(딤전 2:5)다.

디모데전서 4:10에서도 소테르가 하나님으로 나타난다. 그런데 이 구절에서는 디모데전서 1:1에서 "우리 소망이신 그리스도 예수"라고 표현하듯이 그리스도를 소망이라고 표현한 것과는 다르게 소망의 근거를 하나님께 둔다. 그 하나님은 바로 "믿는 자들의 소테르"(딤전 4:10)시다. "소망을 살아 계신 하나님"께 두기 때문에 수고하고 힘쓰는 것이라고 한다.

디도서 1:3에서는 하나님을 소테르라고 칭하면서 전도에 대해 언급한다. 여기서 전도는 소테르 하나님의 명령임을 말한다. 2:10에서는 하나님을 소테르라고 한 표현이 윤리적인 교훈을 말하는 단락(2:1~14)에 나타난다. "참된 신실성을 나타나게 하라"는 명령형 뒤에 "범사에 우리 구주 하나님의 교훈을 빛나게 하려 함이라"는 서술어가 따른다. 이러한 윤리적 선포와 관련된 소테르 묘사와는 다르게 디도서 3:4~7에 나타나는 소테르 하나님은 구속사적인 묘사 속에 나타난다. 디도서 3:4~7에는 하나님을 소테르(3:4)라고 언급하기도 하고 예수 그리스도를 소테르(3:6)라고 언급하기도 한다.

2. 예수 그리스도의 칭호로 사용된 소테르

디모데 후서 1:9~10에서는 하나님의 구원 활동을 말하면서 소테르 그리스도 예수의 나타나심을 구원론적인 관점에서 언급한다. 하나님의 구원은 인간의 행위에 따른 것이 아니라, "그리스도 예수 안에서 우리에게 주신 은혜대로"(딤후 1:9) 이루어졌음을 말한다. 그런데 이제는 소테르 그리스도 예수의 나타나심으로 이루어지는 구원과 생명의 역사가 묘사된다.

디도서 1:4에 나타나는 소테르 칭호는 바울이 디도에게 하는 인사말 중에 나타난다. 이 구절에서 "하나님 아버지"와 "그리스도 예수 우리 구주"가 평행으로 나타나면서 함께 바울의 기원(祈願)의 근거를 이룬다. 즉 "은혜와 평강"의 출처는 "하나님 아버지"와 "그리스도 예수 우리 구주"라는 것이다.

디도서 2:11~14에서 "우리의 크신 하나님 구주 예수 그리스도"(2:13)라는 칭호가 나타난다. 여기서 소테르 칭호가 예수 그리스도의 칭호로 나타나면서 그리스도의 속죄와 연결되어 있다. 이제 디도서 3:6에서는 하나님의 구원 활동이 소테르 예수 그리스도로 말미암아 성령을 부어 주심으로 이루어짐을 밝힌다.

디도서에서의 소테르

디도서에는 소테르가 6번 나오는데, 아래와 같이 하나님의 칭호로 3번, 예수 그리스도의 칭호로 3번 나타난다.

예수의 칭호 – 1:4, 2:13, 3:6
하나님의 칭호 – 1:3, 2:10, 3:4

1. 디도서 2:11~14

디도서 2:11~14에서는 소테르 칭호를 예수 그리스도에게 붙이면서 예수 그리스도의 속죄 죽음을 통한 구속을 말한다. 디도서 2:13에 나타나는 "우리의 크신 하나님 구주 예수 그리스도의 영광이 나타나심"에서 "투 메갈루 쎄우 카이 소테로스 헤몬 예수 크리스투"의 헬라어가 고대(古代)부터 해석의 어려움을 주고 있다. 이 구절의 헬라어 본문에서는 두 가지 가능성을 다 열어두고 있으므로 번역본에서도 차이를 보이고, 학자들도 두 가지 중 하나를 취하든지 이중적인 표현으로 둔다.

라틴 역본인 불가타 역은 "*adventum gloriae magni Dei et salvatoris*

nostri Iesu Christi"라고 헬라어 원문을 자구대로 번역하여, 예수 그리스도를 "크신 하나님"과 "구세주"로 이해할지 아니면, "크신 하나님"과 "구세주 예수 그리스도"를 분리하여 이해할지 분명히 나타내지 않고 헬라어 원문처럼 이중적인 의미를 나타낸다.

(1) KJV는 "크신 하나님과 우리 구주 예수 그리스도"(the great God and our Saviour Jesus Christ)라고 번역하며 크신 하나님과 구세주 예수 그리스도를 분리한다. (2) NRSV는 "우리 크신 하나님과 구세주, 예수 그리스도"(our great God and Savior, Jesus Christ)라고 예수 그리스도를 "크신 하나님과 구세주"라고 분명하게 나타낸다.[8] NIV도 NRSV와 같은 맥락으로 번역한다. 초기 교회의 번역본들은 (1)의 번역을 지지하고 헬라 교부들은 (2)의 입장을 지지한다.[9] 우리말 성경은 예수 그리스도를 "크신 하나님"과 "구세주"로 이해하는 "우리의 크신 하나님 구주 예수 그리스도"라고 번역하여 (2)의 입장을 따른다. (2)의 입장에서 보면 신약성경에서 디도서 2:13이 그리스도의 신성을 가장 명확하게 드러낸다.[10]

그런데 디도서 2:14에서 "그가 우리를 대신하여 자신을 주심은 모든 불법에서 우리를 구속하시고 우리를 깨끗하게 하사 선한 일에 열심 하는 친백성이 되게 하려 하심이라"는 언급에서 볼 수 있듯이 그리스도의 속죄의 죽음으로 그리스도인이 하나님의 백성이 됨을 나타낸다.

2. 디도서 3:4~7

디도서 3:4~7은 한 문장으로 구성되어 "하나님이 우리를 구원하셨다"는 주제어 아래서 구원론적인 진술을 한다. 4절에서 하나님을 구세주로 칭하고 하나님의 사랑이 우리에게 나타났다고 하면서 그 사랑이 사람의 의로운 행위가 아니라, 하나님의 긍휼에 의한 것임을 밝힌다.

그런데 디도서 3:1~7에서 하나님은 사람의 구세주가 되어 역사 속에 개입하고 인생을 새롭게 하시는 주체로 나온다. 바울이 디도서 3:1~7에서 하나님의 구원을 죄악 속에서 살아가는 인간의 적나라함(딛 3:1~3)과 대비하여 말한다.

인간의 죄와 허물에도 그들을 불쌍히 여겨 구원하시는 하나님의 사랑이 주제를 이룬다. 하나님께서 "우리를 구원 하시되 우리의 행한 바 의로운 행위로 말미암지 아니하고 오직 그의 긍휼하심을 좇아 중생의 씻음과 성령의 새롭게 하심으로 하셨나니"(딛 3:5)라는 언급은 하나님의 구속사의 핵심이다. 그것은 죄악 속에서 어리석은 자의 모습으로 사는 인간이 쌓은 어떤 공적에서 나온 것이 아니라 하나님이 은혜로 긍휼히 여기사 이루어진 구원이다. 바울이 2~3절에서 인간적인 권면을 하면서 인간적인 실상과는 대조되게 4~5절에서 하나님의 구원 역사를 언급한다.

5절에서 언급되는 중생의 씻음과 성령의 새롭게 하심을 통한 하나님의 구원 역사는 "소테르 하나님의 자비와 사람 사랑하심"에서 기인(起因)한다. 5절이 말하는 "중생의 씻음"은 그리스도교 세례를 말한다. 세례를 통하여 거듭나서 새 생명의 역사를 이루게 된다. 디도서 3:5은 에베소서 5:26~27과 비교하여 연구할 수 있다.

"그리스도께서 교회를 사랑하시고 위하여 자신을 주심같이 하라 이는 곧 물로 씻어 말씀으로 깨끗하게 하사 거룩하게 하시고"(엡 5:25~26)와 "하나님의 긍휼하심을 좇아 중생의 씻음과 성령의 새롭게 하심으로 하셨나니"(딛 3:5)라는 구절에서 세례에 대해 언급한다. 에베소서 5:26은 그리스도의 사랑의 대상이 교회고 디도서 3:5에서는 하나님이 긍휼히 여기는 대상이 2~3절에 나타나는 사람이다. 그들을 중생의 씻음과 성령의 새롭게 하심으로 구원하신 것이다. 에베소서 5:25~26과 디도서 3:5이 공통적으로 나타내는 것은 하나님의 구원 행위에서 인간적인 모습을 띄는 세례다.

세례 언급이 에베소서 5:25에서는 "그리스도께서 교회를 위하여 자기 몸을 버리신 것은" 이란 말을 통해 알 수 있다시피 그리스도의 희생과의 관계 안에서 나타난다. 그 희생은 "십자가의 고난"을 암시한다. 그런데 디도서 3:5에서는 에베소서 5:25~26처럼 분명하게 그리스도의 "십자가"에 대한 언급이 나타나지 않는다. 그러나 디도서 3:4에서 "우리 구주 하나님의 사람 사랑하심이 나타날 때"에서 "나타나심"은 구원론적인 언급이면서 기독론적인 어휘로 보인다.

"나타나심"이란 단어가 나오는 디도서 2:11~14에서 "하나님의 은혜의 나타남"(딛 2:11)을 "그(그리스도)가 우리를 대신하여 자신을 주심"이란 관점에서 관찰할 수 있다. 그렇다면 디도서 3:4의 "우리 구주 하나님의 사랑 사랑하심이 나타날 때"가 에베소서 5:25~26처럼 "십자가의 고난"의 때로 이해할 수 있다. 이러한 관점에서 본다면 디도서 3:5의 "중생의 씻음과 성령의 새롭게 하심"의 출발도 그리스도론적인 근거에서 이루어진다.

"성령의 새롭게 하심"이란 표현은 성령의 활동을 나타내는 말이다. 하나님께서 예수 그리스도를 통하여 성령을 우리 위에 풍족히 부어 주셨다는 디도서 3:6의 언급 속에서, 성령은 하나님의 영이고 아울러 그리스도의 영으로 이해된다. 구세주 하나님의 불쌍히 여기는 마음으로 씻음과 거듭남, 성령의 새롭게 하심이 이루어진다(딛 3:5). 하나님의 사랑이 소테르 예수 그리스도를 통해 성령을 풍성히 부어 주셔서 죄인들이 하나님의 은혜를 힘입어 의롭게 되고 영생의 소망을 가진다(딛 3:6~7). 영생의 소망은 이제 하나님의 상속자로서 세워지는 은혜로 완성을 향해 나아간다.

나가는 말

신약성경에서 소테르란 칭호는 하나님과 예수 그리스도가 무가치한 인간을 구원하신 구세주라는 관점에서 구원론의 핵심에 속한다. 구약성경에서 하나님께 사용했던 소테르 칭호를 신약성경에서는 하나님과 예수 그리스도에게 동시에 사용한다. 그런데 소테르 칭호는 십자가의 속죄 죽음으로 인간의 구원을 이룬 예수 그리스도에게 더 많이 쓰인다. 소테르는 복음서보다 서신서에 더 많이 사용되는데, 그 중에서도 비교적 후기 서신서에 많이 나타난다. 특히 목회서신에서 소테르 칭호에 대한 관심이 많고 바울은 목회적인 관점에서 하나님의 구원 활동과 그리스도의 십자가의 속죄를 통해 이룬 사역을 말할 때 소테르를 많이 언급한다. 서신 중에서 목회서신(딤전 1:1, 2:3, 4:10; 딛 1:3, 2:10, 3:4)과 유다서(1:25)를 제외한 다른 모든 서신은 예수 그리스도를 소테르로 언급한다. 특히 디모데전서는 소테르 칭호를 하나님께만 사용하는데 반해, 디모데후서는 소테르를 단 한 번 사용하면서 예수 그리스도를 위해 사용한다(딤후 1:10). 그런데 디도서는 소테르를 3번씩 하나님(1:3, 2:10, 3:4)과 예수 그리스도(1:4, 2:13, 3:6)에게 사용한다.

이렇게 복음서보다 서신서에 많이 나타나고 서신서 중에서도 전기 서신서보다 후기 서신서에서 소테르 칭호가 많이 나타난다. 이것은 구약성경에서 하나님의 칭호로 사용되었던 소테르 칭호를 신약성경 저자들이 예수 그리스도의 칭호로 사용하기까지 초기 교회가 기독론적으로 발전하는 배경에서 예수 그리스도께 소테르 칭호를 사용했다고 보인다. 이때도 하나님께는 구약성경의 전통에 따라 아무런 이의(異議) 없이 소테르 칭호가 사용되었다.

II. 본문연구

1. 딛 1장 : 교회 직분자들의 바람직한 삶을 담은 편지 | 김희성
2. 딛 2~3장 : 패역한 세상에 맞서는 신앙 공동체 생활 | 이우제

01

교회 직분자들의
바람직한 삶을 담은 편지

디도서 1장 주해와 적용

디도서는 서신 장르에 속한다. 이 서신은 디도에게 어떻게 교회를 치리해야 하는지를 권고하는 내용으로 디모데전후서와 함께 목회서신에 속한다. 디도서의 저자는 실제로 바울의 익명의 제자다. 그 당시 헬라 사회에서 제자가 스승에 대한 감사의 표시로 스승의 이름을 빌어 책을 쓰는 경우가 많았고 또 디도서의 언어, 문체, 신학, 교회의 상황 등이 바울서신에 나타난 것과 다른 것으로 판명되었기 때문이다.

디도서의 집필 연대는 1세기 말경 혹은 2세기 초라고 할 수 있다. 수신자 디도는 '디도'로 대표되는 교회의 치리자들이다. 집필 장소는 바울의 선교 중심지였던 대도시 에베소라고 추측한다. 집필 동기는 바울 이후의 교회에 등장한 거짓 선생들 때문이었다. 그들의 발호를 막기 위해 교회의 지도자로서 감독과 장로를 임명하는 것이 시급했다.

디도서의 어휘

저자가 사용한 용어는 크게 5가지 종류로 구분된다. 신약에서 단 한 번 나오는 단어, 목회서신에만 나오는 단어, 목회 서신에 여러 번 나오는 단어, 바울서신 그룹에만 나오는 단어, 복음서에만 나오는 단어 등이다.

우선 디도서에는 신약에 단 한 번 나오는 단어들이 굉장히 많다. 이 단어들의 대부분은 헬라 세계에서 사용되던 덕목들과 악덕들을 표현한다. 이런 말들을 차용해 저자는 교회의 지도자들이 가져야 할 덕목으로 소개한다. 이런 사실이 다음과 같은 목회서신에만 나오는 단어들과 목회 서신에 여러 번 나오는 주요 단어들을 통해 더욱 확실해진다.

목회서신에만 나오는 단어들도 대부분 헬라 사회의 덕목과 악덕들을 표현한다. 또 목회 서신에 여러 번 나오는 주요 어휘들도 대부분 덕과 악덕에 관한 것이다. 서신서 외에 복음서나 사도행전에 나오는 용어들은 '장로'(1:5), '중생'(3:5) 등 몇 개 안 된다. 반면 바울서신 그룹에만 나오는 단어는 제법 많이 있다. 이런 사실에서 저자는 바울학파에 속한다고 할 수 있다.

디도서의 구조

디도서는 형식적으로 감사가 빠진 편지로 다음과 같은 구조를 가진다.

1. **서문: 발신자의 자기소개와 수신자 디도에게 문안**(1:1~4)
2. **본론: 교회의 지도자 디도와 성도들의 과제**(1:5~3:11)
   1) 크레타교회에 대한 디도의 과제(1:5~16)
      (1) 장로 · 감독 임명과 그 조건(1:5~9)
      (2) 거짓 선생에 대한 경계(1:10~16)
   2) 기독교인의 삶과 과제(2:1~3:11)
      (1) 기독교인의 삶(2:1~16)
      (2) 기독교인의 세상을 향한 과제(3:1~11)
3. **종결: 마감하는 문안과 축복**(3:12~15)
   1) 위탁과 개인 소식들(3:12~14)
   2) 모두에게 향한 끝마침 인사(3:15)

디도서 1장의 세부 구조

디도서 1장은 서문(1~4절)과 본론의 첫 문단인 디도의 과제(5~16절)로 이루어져 있다. 디도의 과제는 감독·장로의 임명(5~9절)과 거짓 선생에 대한 경계(10~16절)로 구성되어 있다. 세 부분의 구조를 세분화하면 다음과 같다.

1. 서문(1:1~4)의 구조
    발신자의 자기 소개(1~3절)
        영생의 희망 안에서 종과 사도로 부르심을 받음(1~2a절)
        영생은 하나님의 약속이라는 설명(2b절)
        선포를 통한 말씀의 계시(3절)
    수신자에 대한 문안(4절)

2. 감독·장로 임명(1:5~9)의 구조
    부과된 과제(5절)
    장로가 가져야 할 덕목들(6절)
    감독이 피해야 할 부정적인 악덕들(7절)
    감독이 가져야 할 긍정적인 덕목들(8절)
    감독이 취해야 하는 태도(9절)

3. 거짓 선생에 대한 경계(1:10~16)의 구조
    반대해야 하는 적들에 대한 묘사(10~13a절)
        반대해야 하는 적들과 그들을 막아야 하는 이유(10~11절)
        크레데 사람들의 실체에 대한 예언의 인용과 평가(12~13a절)
    그들을 책망해야 하는 이유(13b~14절)
        책망하라는 권고(13b절)
        책망해야 하는 이유(13c~14절)

그들에 대한 평가(15~16절)
그들의 내면적 삶에 대한 평가(15절)
그들의 외면적 삶에 대한 평가(16절)

설교 포인트

디도서는 교회 지도자에게 보낸 서신이기 때문에 본문에서 설교 포인트를 잡아내는 것은 쉽지 않다. 본문에 대한 주석을 하고 거기서 성도들에 적용할 수 있는 교훈을 포착해야 하기 때문이다. 지면상 주석을 전제로 하고 적용으로서 1장의 설교 포인트를 찾아보자.

1. 하나님께서 택하신 자들의 특징(1:1)

"하나님께서 택한 자들"이라는 표현은 구약에 뿌리를 둔다. 이스라엘 백성은 아브라함과의 언약에 따라 하나님이 선택하신 백성이고, 하나님의 특별하신 보호와 축복의 대상이었다. 그러나 신약에서 이 택하심의 개념은 믿음에 입각하고 개인적이며 영생과 직결된다. 이 표현에 배제적인 자의식이 나타난다.

우선 바울은 믿음을 근거로 자신을 '선택된 자'로 헤아리는 한에서 하나님의 종과 예수 그리스도의 사도다. 성도들은 이 선택됨을 함부로 주장할 수 없다. 그것은 자신들의 믿음이 사도 바울과 일치할 때에만 가능하다. 하나님의 택하신 자들은 세 가지 특징을 갖는다.

1) 하나님께서 택하신 자들에게는 믿음이 있다
믿음과 경건은 항상 올바른 신앙 공동체의 지체들과 교회의 책임적 위치에 있는 사람들의 표시로 언급된다. 여기서 믿음은 하나님과 예수의 구원하시는 행동에 대한 믿음이다. 이 믿음이 '하나님께서 택한 자들의 믿음'이다.

2) 하나님께서 택하신 자들은 경건하다

경건은 '하나님께 대한 경외나 신적인 것에 대한 외경,' 즉 광범위한 의미를 표시한다. 특히 디도서에서 사회적 주요 덕목들을 실천하는 것도 경건에 해당한다. 이런 인도주의적 경건에 대한 이상은 그리스도인들이 하나님의 구원 행위를 통해서만 성취할 수 있다. '경건'이 다음의 '진리의 인식'과 엮어지는데, 신앙적 지식과 삶의 일치라는 점이 강조된다. 경건에 해당하는 참다운 신앙은 교회 앞에서 실증해야만 한다.

3) 하나님께서 택하신 자들은 진리를 인식한다

경건에 진리의 인식이 따른다. '진리'는 올바른 교훈을 표시하고, '인식'은 이론적이고 준 교리적인 강조를 갖는다. '진리의 인식'은 목회서신에서 거의 기술적인 표현으로 사용되어 올바른 교훈에 대한 지식을 갖고 기독교 신앙으로의 개종을 뜻한다. 그것은 근본적으로 올바른 믿음의 수용과 같은 의미다 (참고. 딤전 2:4; 딤후 2:25; 3:7).

2. 영생의 희망을 가져야 하는 이유(1:2)

영생의 희망은 바울 신앙의 특징이다. 하지만 그리스도인에게도 적용된다. '영생의 희망'은 그리스도의 재림을 기대하는 미래지향적 표현이라기보다 오히려 신앙의 확증의 시간으로서 희망으로 규정되는 현재에 대한 표시다. 바울은 이 희망 때문에 선포를 위해 선택되었다(참고. 3절). 성도들은 중생의 씻음과 성령의 새롭게 하심으로 인해 영생의 희망의 상속인이다(3:5~7). 그러므로 이 희망은 기독교 공동체의 현재에 생생하게 머물러 있어야 하고 그들의 삶을 통해 실증되어야 한다. 성도들이 영생에 대한 희망을 굳세게 부여잡아야 하는 이유는 다음과 같다.

1) 영생은 하나님이 약속하셨기 때문이다

'약속하다'는 동사는 인간의 능력 밖에서 독자적으로 주어진 기초를 지시한다. 동시에 하나님께로부터 주어진 주도권에 대한 신앙의 지시를 강조한다. 영생은 하나님이 약속하신 것이기에 굳세게 부여잡을 수 있다.

2) 영생은 거짓말하지 않는 하나님이 약속하셨기 때문이다
거짓 선생들은 거짓말쟁이다. 그러나 하나님은 거짓말하지 않는 분이시다. 영생은 거짓말을 하지 않는 하나님께서 약속하신 것이다. 거짓말하지 않는 참된 분으로서 하나님에 관한 묘사는 약속의 신실성과 확고성을 강조한다. 동시에 바울 계열의 사람들에 의해 전해진 선포의 내용도 '영생의 희망'인 선포의 진리와 신뢰성을 보증한다. 그러므로 영생의 희망을 굳게 부여잡을 수 있다.

3) 영생은 하나님이 '영원 전에' 정한 것이기 때문이다
'영원 전에'는 문자적으로 '영원한 시간 전에'며 창조 이전을 가리킨다. 하지만 이러한 시간 규정은 오히려 시간의 확정을 제외하는 것이다. 따라서 이 표현은 하나님에 의해 약속된 영생은 처음부터 시간적으로 제한되지 않고, 하등의 조건부 유효성을 갖지 않는다는 확신의 표현이다. 따라서 영생의 희망을 굳게 부여잡을 수 있다.

3. "나에게 맡겨진 말씀 선포"(1:3)
말씀 선포는 서문에 있는 사상의 흐름인 '약속-계시-선포'의 연속선상에 있다(1:1~3). 여기서 약속은 영생에 대한 것이고, 이 약속은 계시와 일치한다. 계시는 하나님의 말씀을 내용으로 하고, 이 계시의 방법은 선포다.
선포가 예수 그리스도에 관한 복음의 선포라면, 이 선포는 하나님이 우리의 구주라는 신앙고백에 대한 설명이다. 그리고 선포가 하나님의 구원 의지에 관한 이야기라면, 선포는 항상 예수 그리스도 안에 있는 성육신을 내용으로 가져야만 하는 표현이다. 이러한 선포가 3절의 관계절을 통해 설명된다.

1) 말씀 선포는 교회의 지도자들을 통해 '나'에게 위탁된 것이다

관계절에 따르면 이 선포는 우리 구주 하나님의 명령에 따라 '나'에게 맡겨진 것이다. 여기서 '나'는 물론 바울이다. 바울에게서 시작해 말씀 선포의 위탁은 바울의 제자 디도와 교회의 감독과 장로, 그 후의 지도자들을 통해 '나'에게까지 흘러내려 왔다. 이렇게 보면 말씀 선포는 교회의 지도자들을 통해 우리 모든 '나'에게 맡겨진 것이다.

2) 말씀 선포는 하나님의 명령이다

말씀 선포는 우리 구주 하나님의 명령이다. 하나님의 명령은 그분의 뜻과 구원계획에 적합하게 어느 특정한 시간에 떨어진 구체적인 하나님의 명령이다. 이 명령에 따라 위탁된 것이 선포고, 이 선포는 하나님에 의해 바울에게 맡겨졌다. 사도 바울은 하나님의 명령으로 행동했고, 그의 선포가 기독교의 선포다. 사도의 제자들은 사도를 통한 위임을 근거로 말씀을 선포한다. 이 위임이 하나님의 명령에 해당한다.

3) 말씀 선포는 하나님께로부터 오는 계시로서 기독교인의 과제다

하나님의 말씀을 통해 영생에 대한 약속이 계시되었다. 말씀의 계시는 약속의 시간을 넘어 하나님의 계시하는 행동인 선포를 통해 새로운 상황으로 들어왔다. 계시는 역사적으로 구체화하는 선포의 전제고, 선포는 단순한 구원 사건에 대한 선포가 아니라 그 자체로 구원 사건의 중재다. 현재 과제를 실행하는 교회의 선포는 사도의 사역을 넘어 직접 하나님께로부터 오는 계시라 할 수 있다.

4. 믿음의 자녀가 받는 은혜와 평화(1:4)

축복 기원인 은혜와 평화가 올바른 믿음의 자녀인 디도에게 주어졌다. 축복 기원은 하나님 아버지와 우리 구주 예수 그리스도의 어구를 통해 부연 설명되었다. 부연 설명에 따르면, 은혜와 평화는 하나님 아버지와 우리 구주 예

수 그리스도에게서 온다.

축복 기원은 바울서신에 종종 나온 것에 기대어 판에 박은 듯이 사용되었다. 그렇지만 이 기원에는 바울이 사용한 깊은 의미가 함축되었다고 할 수 있다. 이것이 어떤 의미로 사용되는지를 살펴보고 우리도 이 축복을 받을 수 있는 올바른 믿음의 자녀가 되어야 한다.

1) '은혜'에 대해

은혜는 하나님 자신에 의해 하나님께 이르는 통로를 여는 것이다. 은혜를 주심에는 하나님의 구원하시는 행동이 중요하다. 은혜에 하나님의 부르심, 예정, 선택, 구원, 죄 용서, 의롭다 하심, 성령 주심, 보상 등이 속한다. 은혜는 하나님 쪽에서 보면 '하나님나라 가입 사건'이고 인간 쪽에서 보면 이 사건이 '신앙'으로 묘사된다. 하나님의 은혜로운 행위의 목적은 자신과 사람들의 영광이다. 그러므로 하나님의 은혜를 받는다는 것이 얼마나 놀라운 일인가?

2) '평화'에 대해

평화는 하나님께 대한 인간의 화해와 병행한다. 인간은 언약의 파기와 율법의 불순종으로 하나님과 원수가 되었고, 그 결과로 하나님의 진노가 인간에게 머물게 되었다. 그러나 하나님이 예수 그리스도의 죽음과 부활을 통해 진노의 권리를 포기하셨다. 그래서 인간의 과거의 적대성은 하나님 앞에서 그의 죄와 함께 사라졌고, 하나님과의 새로운 평화의 관계가 이루어졌다. 평화는 종말론적인 '샬롬'의 의미를 갖는다. 평화 안에서 하나님나라의 의와 기쁨이 성령의 작용이 되고 열매가 된다. 이 평화를 얻어야 한다.

3) 믿음의 자녀가 은혜와 평화를 받는다

바울은 디도에게 은혜와 평화를 기원한다. 디도는 바울에게 동일한 신앙을 가진 올바른 사람이다. 그는 거짓 선생처럼 불법적 사람이 아니라 바울과 동일한 믿음을 가진 합법적 사람이다. 바울과 동일한 믿음이 올바른 믿음이다. 올바른 믿음을 가진 자에게 은혜와 평화의 축복 기원이 떨어진다.

5. 교회 직분자들의 이상적인 상(1:5~9)

디도서의 저자는 디도에게 교회의 지도자들, 즉 장로와 감독을 임명할 것과 임명 때 고려해야 할 자격 요건을 제시한다. 우선 장로에 관해서 건전한 가정생활을 자격 요건으로 제시하고, 감독에 관해서 건전한 교회생활과 사회생활을 자격 요건으로 제시한다. 여기서 제시한 교회 지도자들의 자격 요건은 현대 교회의 직분자들에게도 적용될 수 있다.

1) 교회 직분자들은 가정생활에 흠이 없어야 한다

장로는 가정생활에 무흠해야 한다. 한 여자의 남편으로서 혼인생활을 잘 함으로써 그렇지 못한 주변 사람들에게 본이 되어야 한다. 또한 자녀들을 신앙으로 잘 양육해 아버지의 권위에 순종하는 경건한 자녀로 만들어야 한다. 장로처럼 교회 직분자들도 가정생활에 흠이 없어야 한다. 자기 집안의 좋은 질서는 교회를 이끄는 능력의 보증이다.

2) 교회 직분자들은 교회에서 청지기직을 잘 감당해야 한다

감독은 하나님의 집을 맡아 관리하는 청지기다. 말씀을 신실하게 잘 지키고 건강한 가르침으로 성도들을 권면하며, 반대자들을 반박하는 능력을 가져야 한다. 좋은 청지기는 스스로 지위에 걸맞은 것으로 증명하고 그것을 삶에서 보여 줄 때만 될 수 있다. 감독처럼 교회 직분자들도 청지기직을 잘 감당해야 한다.

3) 교회 직분자들은 사회생활에서 덕스러운 삶을 살아야 한다

감독은 헬라 사회에서 언급된 인간의 약함을 드러내는 여러 가지 악덕들과 인간 상호간의 접촉을 어렵게 하는 태도들을 피해야 한다. 반면에 여러 가지 덕목들, 객사랑, 선행, 의, 절제 등을 수행해야 한다. 이것은 일반인들에게도 요구되는 전통적인 헬라의 주요 덕목들이다. 감독은 교회 안에서뿐 아니라 사회에서도 그 당시에 중요하게 생각하던 덕목들을 수행하여 성도들과 사회인들에게서 인정을 받아야 했다. 감독처럼 직분자들도 교회와 사회에서 건전한 사람으로 인정받아야 한다.

6. 건강한 믿음(1:10~16)

디도는 자신이 관할하는 교회들에서 장로와 감독을 세울 뿐 아니라 거짓 선생들을 경계해야 한다. 그들은 순종하지 않고 헛된 말을 많이 하며, 거짓말쟁이로서 잘못 가르치기 때문이다. 따라서 디도는 날카롭게 책망해서 그들의 입을 막아야 한다. 이런 조치는 그들을 믿음 안에서 건강한 자로 다시 태어나게 하기 위함이다. 여기서 사용된 "건강한 믿음"은 우리 모든 성도들에게 필요하다.

1) 건강한 믿음은 교회의 지도자가 가르친 신앙과 일치한다

'건강하다'라는 말은 원래 신체적 건강을 의미한다. 이 단어의 의미가 전이되어 건강한 교훈, 건강한 믿음 등을 표현하는 데 사용된 것이다. 건강한 믿음은 교회의 지도자가 대표하는 것과 같은 교회의 신앙에 대한 가르침과 일치함을 뜻한다. 이 가르침에 불순종하는 자들이 거짓 선생이고 이단들이다. 성도들은 교회의 지도자가 가르치는 교훈에 일치함으로써 건강한 믿음을 가져야 한다.

2) 건강한 믿음은 진리를 선택한다

본문에서 "믿음 안에서 건강하다"라는 표현은 다음에 나오는 '진리'와 밀접하게 결합되어 있다. 진리는 요한복음에서 예수 그리스도 안에서 계시된 하나님의 사실성이고 바울에게는 신적 메시지의 참다운 내용이지만, 목회서신에서는 올바른 교훈이다.

디도서에 반영된 거짓 선생들은 진리를 외면한다. 그들은 자유롭게 고안

해 낸 유대적 신화들과 인간의 규정들을 따르면서 거짓을 말한다. 그들의 인간적 규정들에 대한 지향과 유대적 우화들에 대한 주목은 진리에서 벗어났다. 진리에 반하는 그런 흐름이 보급된다면 신앙은 위태로워진다. 성도는 진리를 택하고 따라야 건강한 믿음을 소유할 수 있다.

3) 건강한 믿음은 깨끗한 이성과 정결한 양심을 갖는다

진리의 인식이 중요하다. 그러나 진리의 인식에 대한 인간적인 노력은 헛되다. 진리의 인식을 위해서는 경건이 필요하다. 이성이 더럽혀졌기 때문이다. 디도서의 거짓 선생들이 그 예다. 그들의 이성과 양심이 더럽혀졌다. 그들은 이성으로 진리를 분별하려고 하지만 그들의 내적 부패로 인해 제대로 할 수 없다.

이처럼 건전한 이성과 정결한 마음이 신앙과 결합하지 않는 것에서 잘못된 길이 시작된다. 건전한 이성, 좋은 양심은 신앙 보존의 표시고, 내적 정결이 외적 정결을 생산한다. 그러므로 성도들은 건전한 이성, 정결한 양심을 소유한 건강한 믿음의 사람이 되어야 한다.

02

패역한 세상에 맞서는
신앙 공동체 생활

디도서 2~3장 주해와 적용

이 시대에 '목회자들을 위한 목회자'로 칭송받는 영적 스승인 유진 피터슨은 「껍데기 목회자는 가라」(The Unnecessary Pastor)에서 패역한 세상 문화에 종속된 목회자들의 불필요성을 말한다.[1] 그는 지적하기를, 만일 목회자들이 성도들의 현실적인 필요만을 충족시켜 주는 소비주의적 자세나, 경쟁적 문화에서 살아남기 위한 성공주의적 태도를 위해 사역한다면 그야말로 불필요한 존재라고 역설한다. 그는 이런 불필요성에 대한 지적에서부터 이 시대에 목회자의 존재 이유를 뚜렷이 규명한다.

패역한 세상에서 목회자들은 세상의 거짓과 복음의 진리 사이에 있는 차이점을 선명하게 밝히는 사람들이다. 이런 이유로 목회사역이란 '대항 문화'(counter culture)를 살아가는 공동체를 세우고 바른 길로 교정하는 임무로 요약할 수 있다. 목회자는 세상 문화에 있으면서도 세상에 의해 규정되지 않는 초문화적 사역을 감당해야 한다.[2]

이를 위해 바울은 디도서 2~3장에서 거짓된 가르침에 영향을 받는 교회 공동체를 향해 대항 문화적 삶을 가르칠 것을 권면한다. 따라서 디도서 2~3장을 해석학적이고 설교학적인 아이디어가 될 수 있는 중심 문장은 '거짓된 복음이 횡횡하는 패역한 세상 가운데서 성도들의 가정생활과 사회생활을 위해 합당한 바른 교훈을 제시하라'로 요약할 수 있다.

그렇다면 바울이 말하는 바른 복음에 합당한 교훈은 무엇인가? 성도들이 따라야 하는 바른 교훈의 내용은 무엇인가? 성도들을 바른 삶으로 인도하는 생활의 근거는 어디서 찾을 수 있는가? 이런 질문들에 대한 답을 위해 디도서 2~3장을 주해적이고 설교를 위한 적용 측면에서 자세히 살펴볼 필요가 있다.

바른 복음에 합당한 복음전파(2:1)

디도서 2:1은 2~3장 전체의 표제가 될 수 있는 중심 문장이다. 이 구절에 2~3장의 내용이 집약적으로 응축되어 있다.

디도가 위탁받은 복음은 두 가지를 포함하고 있어야 한다. 하나는 사람들의 심령을 병들게 하는 왜곡된 복음이 아닌 그들을 살찌우는 건강한 복음이어야 한다. 또 하나는 추상적이고 일반화된 가르침이 아닌 복음에 합당한 생활을 도전하는 가르침이어야 한다. 전자가 바른 신학이 있는 메시지라면, 후자는 바른 윤리가 있는 메시지라 할 수 있다.[3] 기독교의 메시지는 전자를 잃으면 진부한 도덕적 강론이 되고, 후자를 잃으면 세상에 선한 빛을 드러내지 못하는 교회 내의 복음으로 전락해 버린다. 따라서 바울은 두 가지를 동시에 강조한다. 흥미로운 것은 바울의 일반적 관례와 달리 윤리적 권면이 먼저 나오고(2:2~10; 3:1~2) 그것에 대한 신학적 근거(2:11~15; 3:3~8)를 제시한다는 점이다. 이 도치된 순서가 주는 메시지는 이렇다. '타락한 세상에 합당한 윤리로 개입하라. 하지만 그것은 단지 세속적 행동 강령의 실천이 아니라 예수님의 은혜 안에 있는 믿음의 반영이어야 한다.'

각 사람들을 향한 복음전파(2:2~10)

여기서 바울은 가정에서 구성원들의 의무가 무엇인지를 말하는 '가정윤리 목록'을 제시한다. 가정 안에 있는 각양의 사람들(늙은 남자, 늙은 여자, 젊은 여자, 젊은 남자, 종들)을 열거하며 비교적 자세하게 행동 강령을 밝힌다. 이는 바울이 복음을 기존 질서 안에 있는 모든 성별, 연령, 계층을 위한 것으로 이해했음을 시사한다. 복음은 어떤 특정한 사람들을 위한 전유물이 될 수 없고 모든 사람들을 위한 것이다. 모든 사람들이 자신들의 역할을 감당할 때 가정과 교회는 변화한다.

또 바울이 제시하는 행동 강령은 기독교의 고상한 윤리적 영역을 소개하기보다 아주 초보 수준의 생활 지침임을 알 수 있다. 예를 들면, 늙은 남자에게는 내적 절제나 인내(2절), 늙은 여자에게는 술 금지령(3절), 젊은 남자에게는 근신에 대한 촉구(6절), 젊은 여자와 종들에게는 남자와 주인에 대한 순종을 촉구한다. 그것은 모두 기본적인 윤리 목록들이라고 할 수 있다. 그 이유는 무엇일까?

1:12에서 "거짓말쟁이며 악한 짐승이 배만 위하는 게으름쟁이"라는 그레데 사람들에 대한 설명에서 이 질문에 대한 해답을 유추할 수 있다. 그레데 교인들은 성숙한 신앙인이 아니었고 오히려 세상 문화에 훨씬 더 가까웠다. 디도는 갓 개종한 거친 사람들을 대상으로 목회하고 있었던 것이 분명하다. 그들에게 우선적으로 절실히 요구되는 것은 타락한 세상과 구별되는 기본적인 윤리들을 실천하도록 만드는 일이었다.

그리고 각양의 사람들을 위한 교훈들 중에 디도를 향한 권면이 삽입되어 있는 것을 주목할 필요가 있다. "범사에 네 자신으로 선한 일의 본을 보여 교훈의 부패치 아니함과 경건함과 책망할 것이 없는 바른 말을 하게 하라"(2:7). 바울은 성도들을 향해 자신을 본받으라고 말했듯이, 디도에게도 그레데 교인들을 향해 디도 자신을 모본으로 제시해 가르쳐야 한다고 분명히 말한다. 왜냐하면 이것이 거짓 교사들과 참 교사들을 구분하는 리트머스 시험지가 되기 때문이다.

적용을 위해 이 부분을 정리하면 다음과 같다. 바울이 말하는 합당한 삶으로 인도하는 바른 교훈이란 첫째, 모든 사람들과의 관계성을 유지하는 가르침이다. 바른 가르침이 창조되는 공간은 관계의 그물망 안에서 가르치는 자와 배우는 자가 연결될 때라. 복음전파는 단순히 테크닉 교환이 아니라 모든 사람들과 생명적 관계 안에서 연결되는 사역이어야 한다. 둘째, 합당한 삶으로 인도하는 교훈은 바른 말뿐 아니라 바른 삶의 본이 뒤따르는 가르침이다. 팔머의 주장처럼, 교사는 자신의 자아를 가르치는 사람이다.[4]

성도의 가정윤리의 근거가 되는 원리(2:11~15)

바울은 가정에서 실천해야 할 합당한 생활에 대해 말한 후 그것을 위한 신학적 근거를 제시한다. 앞서 열거한 기본적이고 중요한 권면들을 어떻게 실천할 수 있을까? 우리의 힘과 결심으로 의로운 삶이 가능할까? 그렇지 않다. 이에 대해 바울은 오직 하나님의 은혜로 양육받을 때 가능하다고 분명하게 가르친다(11~12절).

은혜는 거룩한 생활을 위한 영적 동기를 부여해 주고 동시에 우리를 이끌어 바른 실천으로 옮겨 준다. 즉 은혜야말로 성도의 윤리적 삶의 열매들을 생산케 하는 힘이라고 할 수 있다. 이를 보다 분명히 하기 위해 바울은 은혜 이전의 우리의 상태, 은혜받은 이후의 우리의 변화, 은혜 안에 있는 우리의 미래를 규명한다. 그러면서 그분이 우리를 은혜로 구속하신 목적을 분명히 밝힌다.

우리는 은혜가 나타나기 전에 세상의 불법과 정욕에 따라 살던 사람이다. 은혜로 말미암아 옛 사람의 구습을 버리고 근신함과 의로움과 경건함으로 이 세상을 사는 사람이 되었다(12절). 더욱이 은혜는 아직 완성되지 않은 미래의 소망을 응시하게 만든다(13절). 14절에서 이런 위대한 은혜의 역사가 무슨 목적을 위해 우리에게 임하게 되었는지를 설명한다. 한마디로 "우리를 깨끗하게 하사 선한 일에 열심 있는 친 백성이 되게 하시려"는 것이다. 이것을 디도서 2장에 국한시켜 말한다면, 앞서 제시한 가정 윤리를 실천할 수 있도록 우리를 구속하신 것이다.

2장에서 마지막 구절은 다시 한 번 디도에게 어떻게 가르쳐야 할 것인지를 권면하면서 끝을 맺는다. '누구도 업신여기지 못하도록 권위 있게 가르쳐야 한다.' 디도 자신의 직임이나 지위에서 나오는 권위가 아니라 가르침을 명하시는 주님과 주님 앞에 바른 삶을 살면서 생기는 권위로 가르치라고 강조한다.

이 부분을 정리해 적용하면 첫째, 바울은 윤리를 강조하지만 그 전에 은혜를 전제하고 있음을 알 수 있다. 그러므로 바른 복음은 단순히 좋은 권면(good advice)이 아닌 좋은 소식(good news)이어야 한다. 말씀 사역자는 도덕 선생으로 부르심을 받은 것이 아니라, 은혜 전달자로 부르심 받았음을 명심해야 한다.

둘째, 바른 복음은 권위를 동반해야 한다. 권력과 권위는 하늘과 땅이 서로 먼 것처럼 전적으로 다른 개념이다. '권력은 외부에서 내부로 작용하지만, 권위는 내부에서 외부로 뻗어 나간다.'[5] 권위가 내면의 변화에서 나오는 힘이라면, 권력은 외적 지위에서 나오는 힘이다. 권위는 은혜로 발견한 정체성, 소명 의식, 진실한 삶에서 생겨난다.

성도의 바른 사회생활(3:1~2)

패역한 세상에 있지만 세상에 의해 규정되거나 함몰되어서는 안 되는 신앙 공동체의 모습이 사회생활 속에서 어떻게 구현되어야 하는지가 3장의 주제다. 가정이나 교회 안에서 삶뿐만 아니라 신앙의 영역 밖에 있는 사회에서 성도들이 감당해야 할 책임에 대한 합당한 삶을 가르쳐야 한다.

그 가르침의 중요성을 바울은 '기억하게 하라'는 명령으로 제시한다. 바울의 '기억하라'는 말은 그 자신이 사회를 등지고 신앙의 영역에 머물거나 신비의 영역으로 숨는 것과 같은 염세적이고 소극적인 그리스도인의 삶을 가르친

적이 없음을 간접적으로 증명하는 것이다. 그런 가르침은 거짓 복음이다. 오히려 바울은 '변혁적 모델'에 근거해 사회 영역에서 그리스도인 됨을 드러내야 한다고 강조한다.

바울은 성도들이 갖는 사회적 책임은 통치자 및 모든 사람들과의 관계로 규정한다. 두 영역에서 어떻게 행동하는 것이 올바른가? 무엇이 바른 교훈인가? 먼저 공적 통치자들과의 관계에서는 복종하고 순종하는 것이다. 존슨(L. T. Johnson)이 잘 지적했듯이, 이 순종은 세상 권력자들 앞에서 수동적으로 끓는 것이 아니라 마음으로부터 순종하는 것을 의미한다.[6] 나아가 '모든 선한 일을 행하기를 예비'해야 한다. 마음은 빼앗길 수는 없어도 줄 수 있는 보물이기 때문에 마음으로 순복하는 사람들은 자원해 공적 지도자들을 돕는 선한 일에 힘쓴다.

다음으로 세상 사람들과의 관계에서 취해야 할 자세를 대조법을 통해 설명한다. 피해야 할 것은 상대방을 말로써 훼방하는 일이다. 훼방은 다른 사람들을 깎아내리고 자신을 높이려는 가장 흔히 범하기 쉬운 교만의 증상이다. 훼방과 대조되는 덕목은 누구와도 다투지 않는 우호적인 자세, 관용, 온유함이다. 이것들은 자신을 희생하면서 다른 사람을 높이고 세상 사람들과 좋은 관계를 맺게 하는 겸손의 증표들이다. 세상의 변화는 신자들이 이런 모습으로 모범을 보일 때 펼쳐진다.

결국 교회 공동체는 이 땅에 속해 있어야 하지만, 선취적으로 경험하는 다음 세계의 삶의 윤리를 끌어다가 현재를 살아가야 한다. 세상을 살되 적극적으로 선을 행하고 다른 사람들을 섬겨야 한다. 이것이 세상의 완고함을 녹이는 미풍이 된다. 세상은 우리가 갖고 있는 성공의 크기로 변화되지 않고 오직 우리의 인격의 크기로 변화될 것이다.

성도의 사회윤리의 근거가 되는 원리(3:3~8)

2장의 구조와 동일한 패턴으로 성도들의 바른 사회생활을 위한 올바른 삶을 제시한 후에 그것이 무엇으로 가능한지 설명한다. 그것은 한마디로 하나님이 구원의 은혜를 베푸심으로써 우리의 삶에 주권으로 개입하시는 것이다. 여기서 다시 한 번 바울신학의 정수인 은혜의 우선성을 발견한다.

중요한 것은 지금 바울이 하나님의 은혜를 단순히 중생이나 칭의를 위한 구원론적 영역뿐 아니라 성도들의 바른 사회생활을 가능케 하는 역동적 삶을 위한 신적 능력으로 제시한다는 점이다.[7] 그 신적 능력을 경험하는 것이 다른 사람들에게 사회적 윤리를 가르칠 수 있는 근거가 되는데 이를 위해 바울은 그들이 과거에 어떤 자였는지, 하나님의 은혜의 개입하심으로 현재 어떻게 새롭게 바뀌었는지를 압축적이면서 포괄적으로 설명한다. 바울은 그리스도 밖에서 삶의 열매를 나열함으로써 그들의 과거의 삶이 얼마나 악덕으로 가득 찼는지를 설명한다.

이 부분(3절)은 3:1~2의 그리스도인들이 추구해야 하는 미덕들과 4~8절까지 그리스도 안에 있는 상태와도 극명하게 대조를 이룬다. 이런 비교를 통해 바울은 자신이 이전에 율법 아래 있었지만 악덕으로 가득 찬 삶을 살 수밖에 없었음을 드러냄으로써 율법적 삶의 한계를 말한다.

그러나 위와 같은 죄악에 깊이 빠져 있는 사람들에게 하나님의 자비와 사랑이 나타나셨을 때, 구원이 임하시고 그것으로 인생은 새롭게 변화된다. 이런 근본적 차이를 가능케 하는 것이 하나님의 개입하시는 은혜기 때문에, 5절의 증언처럼 구원은 사람들이 갖는 도덕성이나 윤리성에 있지 않고 '우리 구주 하나님'과 그분이 행하신 일에 있음이 강조되어야 한다.

로마서에 나타난 장엄한 스케일의 구원론을 압축적으로 요약한 것 같은 표현 중에서 바울은 구원이 그의 긍휼, 중생의 씻음, 성령의 새롭게 하심으로 가능해졌다고 설명한다(5~6절). 특별히 동일한 패턴을 제시하는 2:11 이하에서 구원의 은혜에 대한 설명과 비교할 때, 이곳에서 두드러진 강조는 성령의 사역을 언급하는 부분이라 할 수 있다. 성령이 우리를 새롭게 하시고 우리에게 풍성하게 임하시며, 예수 그리스도를 따를 수 있는 능력을 부여하신다. 성령은 그리스도의 영이기 때문이다.

7~8절에서는 은혜로 생긴 결과를 크게 두 가지로 설명한다. 하나는 소망 중에 상속자가 될 것을 미래적으로 바라보는 것이고, 또 하나는 세상에서 바른 교훈의 삶을 현재적으로 이루는 것이다.

7절의 첫 번째 결과에 대한 설명에 따르면, 하나님의 구속사역의 목적은 영생이다. 그 영생의 선물은 칭의를 통해 우리에게 주어진다. 즉 칭의로 영생을 선물로 받는 상속자가 되는 특권을 받는 것이다. 영생의 약속을 받은 모든 사람들은 동등하게 영생을 받아 누리는 동일한 위치에 있게 된다. 후사가 될 자격을 가지게 되었으나, 그것은 아직도 완성되지 않은 소망의 영역으로 남아 있다. 그럼에도 하나님의 과거 구원역사의 확실성이 우리가 가진 소망의 궁극적 확신으로 인도한다. 이미 주어진 후사의 약속과, 아직 오지 않았지만 그것의 성취에 대한 미래적 확실성 가운데 신자들은 담대함으로 전진하는 삶을 살아야 한다.

본문에 국한시켜 말한다면, 전진하는 삶이란 3:1~2의 사회 윤리를 믿음 안에서 적극적으로 실천하는 것을 말한다. 그래서 자연스럽게 8절에서 두 번째 은혜의 결과를 설명한다. "이 말이 미쁘도다"라는 '신실한 어록'과 함께 시작함으로써 앞의 구절인 4~7절을 든든한 연결 고리로 묶어서 여태껏 이야기한 것이 신뢰할 만하다고 분명히 한다. 바울은 미쁘신 말씀에 대해 디도로 하여금 확신과 함께 가르치기를 원한다. 그 결과 성도들은 현실적으로 세상에서 선한 일에 힘쓰고 그로 인해 더 많은 사람들이 주님과의 신뢰적 관계를 맺게 될 것이다.

여기서 우리는 다시 한 번 바울이 말하는 바른 가르침의 특징을 배운다. 그것은 형식화된 율법적 가르침이 아니라 구속의 은총에 대한 강력한 체험을 동반한 가르침이다. 율법적 가르침이 인과율의 법칙에 매여 궁극적으로 악독이 가득한 삶으로 귀결된다면, 은혜 안에서 반응하도록 이끄는 가르침은 사람들에게 아름다운 열매를 맺게 하고 다른 사람들로 하여금 하나님과의 바른 관계로 돌아오게 하는 거룩한 영향력을 끼치게 될 것이다.

마지막 당부와 인사(3:9~15)

이 부분은 크게 거짓된 가르침에 대한 거절(9~11절)과 개인적인 인사(12~15절)로 나눌 수 있다. 9~11절은 바울이 2~3장에 걸쳐 성도들을 유익케 할 바른 가르침을 유익한(8절) 것으로서 적극 권장했던 것과 달리, 거짓된 가르침을 무익한(9절) 것으로 엄중히 경계한다. 무익한 가르침이란 어리석은 변론, 족보 이야기, 분쟁, 율법에 대한 다툼 등이다. 이런 종류의 가르침은 공동체를 무너뜨리는 결과를 초래한다. 따라서 분열하기를 좋아하는 사람들을 한두 번 권고한 후에 듣지 않으면 멀리하라는 것은 당연한 경계였다.

나머지 구절들(12~15절)에서 바울은 여러 사람들의 이름을 열거하면서 다른 서신서와 마찬가지로 개인적인 당부들로 서신을 끝맺는다. 특히 15절에서 '은혜'로 마무리하는 것은 의미심장하다. 이 글의 시작이 은혜(1:4)였고, 핵심적 권고들이 은혜에 기반을 두며(2:11), 마지막 권고도 은혜다. 죄악이 창궐하던 시대에 하나님의 대안 공동체로서 가정과 사회에서 선한 행실을 드러낼 수 있는 길은 하나님의 은혜 안에서 강해지는 것 외에 다른 방법이 없음을 역설한다. "은혜가 너희 무리와 함께 있을지어다"(15절).

맺는 말

지금 우리는 디도가 목회하던 1세기 그레데 사람들의 시대에 살고 있지 않다. 우리는 21세기라는 포스트모더니즘 정신이 호령하는 시대에 목회하고 있다. 표면적으로 보면 두 세계를 하나로 연결할 공통분모를 어디에서도 찾을 수 없어 보인다. 그러나 시대의 외적 조건에도 불구하고 시대의 본질에서 한 가지 뚜렷한 공통점을 발견할 수 있다.

1세기의 그레데 지역 성도들이 비록 교회 안에 있었지만 세상과 구별되는 점을 갖지 못했던 것처럼, 오늘날 우리 시대의 교회도 세상의 대안이 되기를 포기한 것처럼 보인다. 그레데 사람들이 삶의 기본적 윤리도 갖지 못했던 것처럼, 현재 교회 가운데 근본적 윤리조차 무너져 내린 서글픈 모습을 목도한다. 이런 혼돈의 시대에 우리는 다시금 바울이 디도에게 했던 권면을 귀담아 들을 필요가 있다.

우리는 패역한 시대에 교회를 거룩한 삶의 윤리를 펼쳐 보이는 대안 공동체로 세워야 한다. 이것이 디도서 2~3장에서 바울이 전한 메시지의 골자다. 이 길만이 교회가 잃어버린 하나님의 영광을 회복하고 그분 앞에 세상을 세우는 것이 되기 때문이다. 이런 이유로 시대가 어두워질수록 말씀을 가르치는 목회자의 사명이 중요하다. 우리는 바른 복음을 전해야 한다. 바른 복음은 바른 신학적 메시지나 정통적 교리를 전하는 것으로 한정해 설명할 수 없다. 바른 복음은 하나님의 은혜에 기반을 둔 가르침을 의미한다. 즉 바른 교훈은 하나님의 은혜의 광대함과 변화를 가능케 하는 역동적인 힘에 근거한 가르침을 뜻한다.

우리 시대의 안타까움은 많은 지도자들이 시대의 타락상도 알고 시대를 향한 나름대로 문제의식도 갖고 있지만, 엉뚱한 처방을 내리고 있다는 데 있다. 계속적으로 은혜 아래 강한 자들로 교회 공동체를 세워 패역한 세상의 대안이 되는 쪽에 노심초사하는 것이 아니라, 세상의 마음을 사로잡는 테크닉과 방법에 의존해 세상을 향한 구애 작전(?)을 펼쳐야 한다고 믿는 것이다. 은혜로 충만한 사람들의 신실성으로 세상을 설득하기보다 마케팅 전략을 사용해 효율성을 높이는 방식으로 기독교를 선전하고 있다.

그러나 분명 명심해야 할 것은 우리의 목회가 기능적인 면으로만 치달으면 공동체의 진정한 변화의 능력은 상실하고 만다는 것이다. 지금이야말로 우리의 육신적인 방법들을 내려놓고 하나님의 은혜에 승부를 띄울 때다.

디모데전후서 주(註)

1부

1장

1. 참고. Kllermann, U., "σπένδομαι" *EWNT* III (Stuttgart, 1983), p. 629. 신약에서 2번 등장하는 이 단어는 수동의 형태로만 사용된다. 바울이 사용하는 σπένδομαι란 개념은 제사 용어로 제사 또는 제의 때에 마시는 어떤 것 또는 술을 붓는 행위다. 빌립보서 2:17은 θυσία란 전문어를 사용하여 그 뜻을 보다 분명하게 표현한다. 구약의 이러한 예는 민수기 28:4~7을 생각할 수 있다.
2. Bauer, W., *Wörterbuch zum Neuen Testament zu den Schriften des Neuen Testaments und der fruhchristlichen Literatur*, hrg. (K&B Aland: Berlin, New York, 1988), p. 113. 여기 사용된 ἀναλύσις는 희랍시대에 삶과 이별을 할 때 사용하는 용어다. 이 단어는 빌립보서 1:23에서 "(이 땅을) 떠나 그리스도와 함께 있을 욕망"이란 표현을 쓸 때도 사용되었다.
3. 참고. Bovon, F., *Das Evangelium nach Lukas (Lk 1:1~9:50)*, EKK III/1 (Benzinger/Neukirchner, 1989), pp. 419~420.
4. 참고. Dunn, J. D. C., *Romans 9~16*, WBC 38B, p. 883. 어쩌면 유대 국수주의자들 내지 (유대교의) 종교적 열성이 지나친 유대 기독교인들을 시사하기도 한다. 이와는 다르게 당시에는 복음을 받아들이지 않은 유대인들이며, 지금은 사도를 죽음으로 위협하는 사람을 논쟁적 언어로 묘사한 것일 수도 있다. 참고. Schlier, H., *Der Römerbrief Kommentar*, HThK VI (Freiburg Basel Wien, 1979), p. 438. 실제로 이 시기는 열심당 운동이 매우 강하게 있던 때였다. 따라서 그들의 움직임은 당연히 바울에게 위협적인 대상으로 작용했을 것이다.
5. 바울이 순교하는 시점을 62년과 64년으로 생각하는 이견들이 있다. 이 두 시기는 목회서신의 저작권 문제와 맞물려 있다. 62년을 택하면, 바울은 첫 로마 투옥 시에 그곳에서 순교한 것이고, 64년을 택하면 2차 투옥시기에 순교를 한 것으로 결론지을 수 있다. 만일 바울이 62년에 순교했다면 목회서신은 바울이 죽은 이후에 쓰인 것이다.
6. 바울이 스페인으로 선교여행을 갔다 왔다는 주장은 Clemens 1서에 나온 내용을 근거로 사용한다. "바울은 일곱 번 구속되었고, 탈출했으며, 돌에 맞았다. 그는 동과 서에 모두 소식을 전하는 자였다. … 그는 전 세계에 의를 전파하였고, 서쪽 끝에 이르렀다 …"(Clemens 1서, 5, 1ff). 샌더스, E. P., 이영립 역 「바울」(서울: 시공사, 1999), pp. 37~38에서 재인용. 여기서 서쪽 끝은 일반적으로 스페인을 지시하는 것으로 생각한다. 비록 우리의 성경이 언급하지 않는 부분인 바울의 빈 시간을 1세기 말에 쓰인 이 글을 통하여 사라진 바울의 시간을 재구성하게 한다. 이에 대한 보다 자세한 논의는 거스리, D., 김병국, 정광욱 역, 「신약서론」(서울: 크리스찬 다이제스트, 2002), pp. 560~563을 참고.
7. 이 부분에 대한 해석은 통일되어 있지 않다. 죽은 자를 위로하는 것인가? 아니면 단순히 방문 후에 만남이 없어서 쓰는 말인가? 아니면 다른 뜻을 내포하는가는 여전히 다루어지고 있는

문제다. 참고. 디벨리우스, M., 김득중 역, 「목회서신」 국제성서주석(서울: 한국신학 연구소), pp. 154~155 그리고 pp. 185~186.

2장

1. W.-H. Ollrog, *Paulus und seine Mitarbeiter. Untersuchung zu Theorie und Prexis der paulinischen Mission*, WMANT 50 (Neukirchen-Vluyn 1979), 여기에 따르면 바울에게는 약 40명의 동역자가 있다.
2. 바울과 디모데 외에 데살로니가전후서 저작에 공동으로 참여한 이는 실루아노다.
3. 비판적인 입장의 학자들은 바울의 친서를 롬, 고전후, 갈, 빌, 살전, 몬 7권으로 한정하기도 한다. 참고. 김연태, 「빌립보서」 대한기독교서회 창립100주년기념 성서주석 42(서울: 대한기독교서회, 1994), p. 64 n. 3. 그러나 본 소논문은 세미나의 특성상 전통적인 견해를(13권) 따른다.
4. "거기"를(행 16:1) 루스드라로 본다. R. Pesch, *Die Apostelgeschichte*, EKK 5/2 (1986), p. 96; E. Haenchen, *Apostelgeschichte*, KEK 3, (161977), p. 461.
5. E. Haenchen, *Apostelgeschichte*, p. 461, n. 3.
6. G. Bornkamm, *Die Vorgeschichte des Sogenannten zweiten Korintherbriefes*, in: ders., *Geschichte und Glaube*, 2.Teil, Ges. Aufs. Bd IV (BEvTh 53, 1971), pp. 162~164, p. 194.
7. 디모데와 함께 마케도니아로 갔던(행 19:21f) 에라스도는 여기 명단에 없다.
8. 디도라는 이름은 고린도후서에서 8회, 갈라디아서에서 2회, 디모데후서에서 1회, 디도서에 1회 언급된다.
9. H. D. Betz, *Der Galaterbrief. Ein Kommentar zum Brief des Apostels Paulus an die Gemeinden in Galatien* (Munchen, 1988[= Galatians, Philadelphia: Fortress, 1979]), p. 160; E. Haenchen, *Apostelgeschichte*, p. 77.
10. 고린도전후서의 상황에 대해서는 필자의 "고린도후서는 여러 편지들의 모음인가?" 「신약논단」 10 (2003) pp. 391~420, p. 415ff 참고.
11. G. Bornkamm, *Die Vorgeschichte des Sogenannten zweiten Korintherbriefes*, pp. 164f, 178.
12. H. D. Betz, *Der Galaterbrief*, p. 165.
13. 사도행전 15:32에서는 유다와 실라를 "선지자"로 표현한다. 이 직분은 "여러 말로 권면하며 [공동체를] 굳게"하는 것이다. 참고. "예언하는 자는 사람에게 말하여 덕을 세우며 권면하며 위로하는 것이요"(고전 14:2).
14. 반면에 디모데는 고린도 교회에 사신으로 파송되는 등 계속 활동한 기록이 남아 있다.
15. 예. W.-H. Ollrog, *Paulus und seine Mitarbeiter*, p. 20.
16. 마가 요한은 바나바의 조카였다(골 4:10). 목회서신을 참고할 때(골 4:10f; 딤후 4:11), 후에 바울은 마가 요한과 화해했다고 봐야 한다.
17. W.-H. Ollrog, *Paulus und seine Mitarbeiter*, p. 16; G. Bornkamm, *Die Vorgeschichte des Sogenannten zweiten Korintherbriefes*, p. 68.
18. 소위 클라우디우스 칙령. 수에톤, Vita Claudii 25와 약 주후 400년경의 로마사가 *Orosius*,

Historia contra paganos VII 6,15f(CSEL 5,451)는 황제 재위 9년에에(= 주후 49년) 이 사건이 일어났다고 증언한다.
19. E. Haenchen, *Apostelgeschichte*, p. 511 n. 4. 만일 부부가 바울에게서 복음을 받아들였다면 누가가 이 사실을 기록했을 것인데, 없는 점 등의 이유로 둘은 로마에 있을 때 이미 교인이었을 것이라고 헨첸은 추정한다.
20. 예. A. v. Harnack, *Die Mission und Ausbreitung des Christentums in den ersten drei Jahrhunderten*, Leipzig 41924, p. 8.
21. 이 점에서 아볼로는 바울 영향권 내에 속한 동역자로 분류될 수 있다. 그러나 W. Schrage, *Der erste Brief an die Korinther*, EKK 7/1, (1991), p. 143; W.-H. Ollrog(*Paulus und seine Mitarbeiter*. 40)는 아볼로를 독립적인 유랑 전도자로 본다.
22. 안가겠다고 거절한 이유에 대해서는 알 수 없다. 참고, W. Schrage, *Der erste Brief an die Korinther*, EKK 7/1 (1991), p. 143.
23. 디모데 24회, 디도 13회, 실라 13회, 실루아노 4회, 아볼로 10회, 바나바 28회(그에 대한 언급은 사도행전 11~15장에 집중적으로 나온다—21회, 바울서신에서는 고린도전서 1회, 갈라디아서 3회, 골로새서에 1회뿐이다), 아굴라 6회, 브리스길라 3회, 브리스가 3회. 참고. Institute for New Testament Textual Research and the Computer Center of Munster University(ed.), *Concordance to the Novum Testamentum Graece*, 3rd ed. (Berlin/ New York: Walter de Gruyter, 1987).
24. 소스데네에 대한 자료가 부족한 관계로 본문에서 별도 항목을 책정해서 다루지 않았다. 그는 사도행전 18:17에 나오는 고린도 회당의 회당장과 동일인일 가능성이 높다. 후일 고린도전서 저작에 참여했다(고전 1:1 "형제"). 아마도 그는 바울이 고린도에 체류할 당시 복음을 접한 것 같다. 총독 갈리오 앞에서 재판을 받을 위기에 처한 바울과 관련되어 동족 유대인들에게 고초를 당했다.
25. 빌레몬서도 바울의 동역자 빌레몬에게 쓴 편지다(몬 1절). 그러나 빌레몬에 대한 자료가 거의 없어 역시 논의에서 제외했다.

3장
1. Kummel, W. G., *Einleitung in das Neue Testament* (Heidelberg, 211983), p. 324.
2. Hermann L. Strack-Paul Billerbeck, *Das Evangelium nach Markus, Lukas und Johannes und die Apostelgeschichte* (Munchen, 91989), p. 741.
3. Michel, O., *Der Brief an die Hebraer*, KEK, (Gottingen 101957), p. 367.

4장
1. M. Davies, *The Pastoral Epistles*, New Testament Guides, Sheffield: Sheffield Academic Press, 1996, p. 75(윤철원 역, 「목회서신」, 서울: 이레서원, 2000); G.W. Knight III, *The Pastoral Epistles: A Commentary on the Greek Text*, The New International Greek Testament Commentary, Grand Rapids: Eerdmans, 1992, p. 157; J.M. Bassler,

1 Timothy, 2 Timothy, Titus, Abingdon New Testament Commentaries, Nashville: Abingdon, 1996, p. 66; I.H. Marshall, *The Pastoral Epistles*, ICC, Edinburgh: T & T Clark, 1999, p. 155.
2. M. Dibelius/H. Conzelmann, *The Pastoral Epistles*, Hermeneia, Philadelphia: Fortress, 1972, p. 52.
3. cf. J.L. Houlden, *The Pastoral Epistles: 1 and 2 Timothy, Titus*, Harmondsworth: Penguin Books, 1976, pp. 77~78; A.T. Hanson, *The Pastoral Epistles*, The New Century Bible Commentary, London: Marshall, Morgan & Scott, 1982, p. 7, pp. 77~78; G.D. Fee, *1, 2 Timothy, Titus*, New International Biblical Commentary 13, Peabody: Hendrickson, 1988, pp. 79~82; P.H. Towner, *The Goal of Our Instruction: The Structure of Theology and Ethics in the Pastoral Epistles*, JSNTSS 34, Sheffield: JSOT Press, 1989, pp. 231~232; L.T. Johnson, *Letters to Paul's Delegates: 1 Timothy, 2 Timothy, Titus*, Valley Forge: Trinity Press International, 1996, pp. 143~145; I.H. Marshall(1999) pp. 155~157, pp. 477~478; W.D. Mounce, *Pastoral Epistles*, WBC 46, Nashville: Thomas Nelson, 2000, p. 170.
4. 예를 들어, 필자가 신학사상의 창간호에서 100호까지 발표된 논문을 분석한 결과, 목회서신에 관한 연구 논문은 한 편도 발표되지 않은 것을 확인할 수 있었다. 그러나 최근에 발표된 논문은 다음을 참고할 것. 박경미, '초대교회의 가부장주의화 과정과 가정훈령—목회서신을 중심으로,' 「신학사상」102(1998) pp. 221~254.
5. cf. W.D. Mounce(2000) p. 171.
6. cf. G.W. Knight III(1992) p. 157.
7. I.H. Marshall(1999) p. 478.
8. cf. I.H. Marshall(1999) p. 155; W.D. Mounce(2000) p. 171.
9. W.D. Mounce(2000) p. 171.
10. cf. W.D. Mounce(2000) p. 171.
11. W. Lock, *The Pastoral Epistles: I & II Timothy and Titus*, ICC, Edinburgh: T & T Clark, 1959(초판 1924), p. 36.
12. J. Calvin, *II Corinthians, Timothy, Titus, Philemon*, Grand Rapids: Eerdmans, 1979, p. 224.
13. B.S. Easton, *The Pastoral Epistles: Introduction, Translation, Commentary and Word Studies*, London: SCM, 1947.
14. E.K. Simpson, *The Pastoral Epistles*, London: Tyndale Press, 1954, 50.
15. cf. G.W. Knight III(1992) p. 158.T. Ilan, *Jewish Women in Greco-Roman Palestine*, Peabody: Hendrickson, 1996, p. 85.
16. *The Damascus Document*(CD) 4. 20~5.6.
17. *Ant.* 17.14 *BJ* 1.447.
18. *Dialogue with Trypho* 134.1.
19. 대표적인 경우들은 다음과 같다. *m. Yeb.* 1.4; 4.11; *m. Ket.* 10.1~6; *m. Sot.* 6.2; *m. Git.* 2.7; 3.1; *m. Sanh.* 2.4; *m. Bek.* 8.4.

20. J. Jeremias, 한국신학연구소 번역실 역, 「예수시대의 예루살렘」(서울: 한국신학연구소), 1988, pp. 134~5.
21. cf. *lex Antoniana de civitate*(C.E. 212); cf. T. Ilan(1996) p. 85.
22. *Leviticus Rabbah* 4.5. 여기서 랍비 히야(Hiyya)는 어느 제사장의 딸과 한 이스라엘 사람의 딸 두 여성을 자기의 아내로 맞은 한 제사장에 대해서 언급한다.
23. cf. 테오도시우스(Theodosius)의 법령은 유대인들의 복혼을 금지하는 것인데, C.E. 393년에 시행되었다.
24. A.T. Hanson, *The Pastoral Epistles*, Grand Rapids: Eerdmans, 1982, p. 78.
25. *De beneficiis* 3.16.2.
26. cf. R.B. Hays. *The Moral Vision of the New Testament: A Contemporary Introduction to New Testament Ethics*, New York: Harper Collins, p. 355. 음행은 간음을 의미한다. 벤시라는 음행의 가장 큰 위험은 자손을 두는 것이라고 가르친다(9:8; 26:24; 41:20~1).
27. cf. J. Murphy-O'connor, 'The Divorced Woman in I Cor. 7:10~11,' JBL 100 (1981) pp. 601~606.
28. cf. m. Git. 9:3. 이혼 증서의 필수적인 문구는 '당신은 어느 남자와도 결혼할 수 있다'는 것이다.
29. cf. C. Spicq, *Les épitres pastorales*, Paris: Gabalda, 1969, pp. 430~431; D.C. Verner; *The Household of God: The Social World of the Pastoral Epistles*, Chicago: Scholars Press, 1983, pp. 128~131; J.M. Bassler (1996) p. 66.
30. J. Jeremias (1988) p. 205. 예레미아스는 이 개념을 다음과 같이 설명한다. 1. 당시 유대교는 처녀를 12~12.5세의 여자만으로 제한했다. 2. 약혼자가 사망한 약혼녀도 과부로 간주했다. 3. 파혼 당한 여성도 이혼녀와 동일시했다. 4. 창녀를 개종한 여성과 여성 해방 노예와 처녀성을 상실한 여성(예. 전쟁 포로 경력자)으로 해석하여 그 규칙을 강화했다.
31. cf. I.H. Marshall (1999) p. 156.
32. cf. I.H. Marshall (1999) pp. 155~156; J. Stambaugh/D.L. Balch, 윤철원 역, 「초기 기독교의 사회 세계」(서울: 한국신학연구소, 2000), pp. 151~152.
33. cf. M. Davies (1996) p. 96.
34. cf. W.D. Mounce (2000) p. 172.
35. R.A. Campbell, *The Elders: Seniority within Earliest Christianity*, Edinburgh: T&T Clark, 1994, p. 137.
36. G. Vermes, *Jesus the Jew*, London: SCM, 1983, pp. 99~102.
37. *Shepherd of Hermas*(Mandate), 4.1~2. 여기서 배우자가 사망한 후 재혼하지 않고 그냥 지내는 것이 대단한 명예가 되고 주님에게 위대한 영광이 된다고 강조하는 금욕적인 내용을 담고 있다.
38. cf. M.R. Vincent, *Word Studies in the New Testament*, Grand Rapids: Eerdmans, 1946(rep.), vol. 4, p. 229, W.D. Mounce (2000) p. 172에서 재인용함. 여기서 아테나고라스는 재혼하는 행위를 교묘한 간음이라고 비난한다.
39. *Stromateis*(Miscellanies) 3.1ff. 재혼이 합법적이라고 한다면, 합법적인 모든 것은 그 자체가 적법하지 않다고 비판한다.

40. *De pudicitia* 8.
41. cf. *Ad Uxorem* 1.7.
42. B.W. Winter, *Seek the Welfare of the City: Christians as Benefactors and Citizens*, Grand Rapids: Eerdmans, 1994, p. 72.
43. cf. M. Lightman/W. Zeisel, 'Univera: An Example of Continuity and Change in Roman Society,' *Church History* 46(1977) pp. 19~32.
44. cf. S. Dixon, *The Roman Family*, Baltimore/London: Johns Hopkins Univ. Press, 1992, p. 89.
45. 이 법령(*lex Julia*)에 따르면, 25세부터 60세까지의 남성과 20세부터 50세 사이의 여성은 반드시 결혼해야 한다. A. Wallace-Hadrill, 'Family and Inheritance in the Augustan Marriage Laws,' *Proceedings of the Cambridge Philological Society* 207(1981) 59; J.F. Gardner, *Women in Roman Law and Society*, London/Sydney: Croom Helm, 1986, pp. 178~179; cf. B.W. Winter, 'Provintia for the Widows of 1 Timothy 5:3~16,' *Tyndale Bulletin* 39(1988) p. 85.
46. B. Rawson, 'The Roman Family,' in B. Rawson(ed.), *The Family I Ancient Rome: New Perspectives*, London/Sydney: Croom Helm, 1986, p. 31.
47. D.M. Schaps, *Economic Rights of Women in Ancient Greece*, Edinburgh: Edinburgh Univ. Press, 1979, p. 41.
48. cf. J. Stambaugh/D.L. Balch(2000) p. 152.
49. W.D. Mounce(2000) p. 173.
50. I.H. Marshall(1999) p. 156.
51. cf. G.W. Knight III(1992) p. 157; I.H. Marshall(1999) p. 156. 마샬은 목회서신 이외에서 이 구절이 사용된 증거가 없고, 그 결과로 이 해석의 근거가 모호하다는 것에서 이 문제의 원인을 찾고 있다.
52. P.H. Towner, *1~2 Timothy & Titus*, Downers Grove: Intervarsity Press, 1994, p. 85.
53. I.H. Marshall(1999) p. 478.
54. cf. M. Dibelius/H. Conzelmann(1972) p. 52에서 재인용함.
55. G.D. Fee(1988) p. 80.
56. cf. P.H. Towner(1994) p. 224.
57. M. Dibelius/H. Conzelmann(1972) pp. 22~25, pp. 39~41; cf. M. Davies(1996) pp. 25~32.
58. R. Wallis, *The Elementary Forms of the New Religious Life*, London: Routledge & Kegan Paul, 1984, pp. 9~39, pp. 73~85.
59. cf. J.D. Quinn, *The Letter to Titus, ABC 35*, New York: Doubleday, 1990, p. 79; F.J. Matera, *New Testament Ethics: The Legacies of Jesus and Paul*, Louisville: Westminster John Knox Press, 1996, p. 231.
60. cf. M. Dibelius/H. Conzelmann(1972) pp. 50~51.
61. E. Glasscock, 'The "Husband of One Wife" Requirement in 1 Timothy 3:2,' *Bibliotheca Sacra* 140(1983) pp. 244~258.

62. cf. M. Davies(1996) pp. 19~25.
63. cf. F.J. Matera(1996) p. 235.
64. cf. S. Dixon(1992) 79n. 85.이 법령(*lex Papia Poppaea*)은 실제로 아우구스투스 황제가 막후에서 지휘했지만, 이미 로마 시민들, 특히 상류 계층이 결혼하고 합법적인 자녀들을 두도록 격려하기 위한 목적에서 여러 집정관들에 의해서 제안되었다. 아우구스투스 자신은 특히 간음과 자녀를 두지 않는 것에 대하여 더 엄하게 만든 이 법률의 둘째 부분을 주창했다.
65. S. Dixon(1992) p. 79.
66. G.F. Moore, *Judaism In the First Centuries of the Christian Era: The Age of Tannaim*, vol. ii & iii, Peabody: Hendrickson, 1960, p. 125.
67. cf. W. Lock(1959) p. 37.
68. A.S. Hunt/C.C. Edgar(eds.), *Select Papyri I*, Loeb Classical Library, Cambridge, MA./London: Heinmann, 1959, p. 7.
69. cf. C.E. Lutz, 'Musonius Rufus "The Roman Socrates",' *Yale Classical Studies* 10(1947) p. 45에서 재인용함.
70. I.H. Marshall(1999) p. 478.
71. 최근 논의에 대해서는 다음을 참고할 것. D.L. Balch(ed.), *Homosexuality, Science, and the "Plain Sense" of Scripture*, Grand Rapids: Eerdmans, 2000.

2부

1장
1. 흔히 디모데전후서를 '목회서신'이라고 한다. 그러면 목회서신은 목회자만을 위한 것인가? "목회서신은 평신도는 몰라도 되는 책임을 의미하지 않는다"고 말한 「현대성서주석(Interpretation)」의 디모데전후서 주석을 쓴 토머스 C. 오덴의 일성은 매우 흥미롭다. 이어서 그는 "이 서신은 평신도의 건강, 즉 기도생활, 공중예배의 의미, 가난한 자를 돌봄, 거룩한 삶을 위한 기초로서 철저한 가르침 등의 중대한 문제들을 언급한다"고 천명했다. 필자도 그의 말에 전적으로 동감한다. 혹시 디모데전후서는 목회서신이니 평신도와 무관하다고 판단하는 사람이 없기를 바란다.
디모데전서는 교회를 어떻게 돌볼 것인지를 상세하게 다루며, 신약성경의 여타 서신들과 구별하기 위해 '목회서신'이라고 부르는 것뿐이다. 따라서 이 서신은 모든 사람들을 위한 '목회적' 서신이다. 어거스틴도 이 서신의 중요성에 대해 "교회에서 교사의 위치를 갖는 모든 사람들의 눈앞에 항상 펼쳐져 있어야 한다"고 강조한 바 있다(어거스틴, 「기독교 교리에 관하여」IV. 16. 33, NPNF 1 II, p. 585).
2. 「디모데전 · 후서」현대성서주석, p. 154.

4장

1. Gordon Fee, 1 and 2 Timothy, Titus(NIBC, Peabody:MA, Hendrickson, 1988), p. 226.
2. 원문 자체가 셈 언어 구조의 헬라어 번역이라 모호함이 있음을 이해해야 한다. NIV-who has saved us and called us 'to' a holy life. NRSA- who saved us and called us 'with' a holy calling. NASB-who has saved us, and called us 'with' a holy calling.
3. 롬 9:11-선택과 소명은 선이나 악을 행하기 전에, 태어나기도 전에 하나님의 목적을 위해서; 롬 8:28-그 뜻대로 부르심을 입은 자들에게는(하나님의 목적에 따라 부르심 받았다); 엡 1:11-그 뜻의 목적에 따라 예정받음.
4. Liefeld는 사역, Guthrie, *Pastoral Epistles* (Tyndale, Grand Rapids, MI: Eerdmans and Leiceter: IVP, 1989), p. 132에선 사역 혹은 건전한 교리.
5. 오네시보로를 로마에서 만났지만 지금은 죽었음을 전제한 것으로 본다.
6. 마르틴 디벨리우스, 「목회서신」, 국제성서주석(서울: 한국신학연구소, 1983), p. 155.
7. 존 스토트, 「디모데후서 강해」, *Guard the Gospel* (서울: 엠마오, 1985), p. 58.
8. 존 스토트, p. 59.
9. 토마스 C. 오덴, 「디모데전후서, 디도서」, 현대성서주석(서울: 한국장로교출판사, 2002), p. 89.
10. 오덴의 지적처럼 '내 영혼이 아니다.' 오덴, p. 91.
11. William Hendriksen, *The Epistles to Timothy and Titus* (Baker Book, 1957), p. 260, 스토트 p. 78 재인용.
12. 오덴, p. 92.
13. 스토트, p. 79.
14. 디벨리우스, p. 161.
15. 스토트, p. 86.
16. 오덴, p. 119.
17. Philip H. Towner, 1-2 *Timothy & Titus* (IVP NT Commentary, Downers Grove, IL: IVP, 1994), pp. 185~186.
18. 스토트, p. 89.
19. 개역은 헬라어 원문이나 NIV나 NRSV의 수동태가 아니라 그들이 훼방하지 못하게 하는 능동형으로 해석하고 있다. 이 경우는 고린도전서 5:5와 같은 맥락으로 해석해야 한다. 그 해석에 대해서 Gordon Fee, *The First Epistle to the Corinthians* (NIC NT, Grand Rapids: Eerdmans, 1988), pp. 208~214 등을 참고하라. Donald Guthrie도 같은 관점이다. Donald Guthrie, *The Pastoral Epistles* (Tyndale NT Commentaries, Leiceter: IVP & Grand Rapids: Eerdmans, 1989), p. 68.
20. Guthrie의 지적처럼 본문에서의 대립은 그처럼 강한 것이 아니다. Donald Guthrie, p. 152. 고린도전서 3:12 이하의 '불타버리는 것'과도 구별되어야 한다.
21. Guthrie, pp. 151~152.
22. William Mounce, *Pastoral Epistles, WBC* 46 (Nashville: Thomas Nelson, 2000), p. 531에서 그 차이를 구별하려고 하는 것은 너무 미묘한 일이라 쉽지 않음을 지적한다.
23. I. Howard Marshall, *The Pastoral Epistles* (ICC, London, T&T Clark, 2004), p. 761.

24. George W. Knight, *Pastoral Epistles* (NIGTC, Grand Rapids: Eerdmans, 1992), p. 418.
25. I. Howard Marshall, *The Pastoral Epistles* (ICC, London, T&T Clark, 2004), pp. 760~761.
26. Walter L. Liefeld, *1 & 2 Timothy/Titus* (*NIV Application Commentary*, Grand Rapids: MI, Zondervan, 1999), p. 260 그리고 George W. Knight III, *The Pastoral Epistles, A Commentary on the Greek Text* (Grand Rapids, MI: Eerdmans, 1999), p. 418에서 쓰레기나 배설물을 치우는 그릇으로 간혹 그 내용물과 함께 내다버린다고 설명한다.
27. Towner, p. 186.
28. 오덴, p. 119.
29. John Chrysostom. *Homilies on Timothy and Titus*, *NPNF Series* 1, Vol VIII (NY: the Chrisitan Literature Company, 1889: Grand Rapids: Eerdmans, 1966), p. 496. 오덴, p. 119에서 재인용.
30. 김덕수, 「삶의 변화를 일으키는 설교」(서울: 쿰란, 2005).
31. 스토트 p. 91 혹은 W. Lock, *The Pastoral Epistles* (ICC, London, T&T Clark, 1924), p. 101.
32. ἀπαιδεύτους에 대해 에픽테투스를 참고하라. 디벨리우스, p. 165.
33. παιδεύω라는 단어는 가르쳐 교육하는 것(딛 2:12)이라는 뜻과 함께 '교정하다', '바로잡다'(거짓 교사의 영향으로 삐뚤어진 교인들의 경우), '훈육하다'(딤전 1:20), '공동체적 처벌'(대적의 경우)이라는 뜻이 모두 가능하다. Fee, p. 265도 참고하라.
34. Marshall, p. 766.
35. Marshall, p. 761.
36. Liefeld, p. 273.
37. 오덴, p. 123.
38. Calvin, p. 238. 오덴, p. 124에서 재인용.
39. 오덴, pp. 124~125.
40. 오덴, p. 125.
41. 박익수, 「디모데전후서, 디도서」, 성서 주석(서울: 대한기독교서회, 1994), p. 313.
42. Leo the Great, Letter CLXIX 2, NPNF 2 XII, 113. 오덴 p. 126에서 재인용.
43. Mounce, p. 549.
44. 박익수, p. 351.
45. 박익수, p. 352.
46. George W. Knight, *Pastoral Epistles* (NIGTC, Grand Rapids: Eerdmans, 1992), p. 434.
47. 오덴, p. 129.
48. Ray S. Anderson, *The Soul of Ministry* (Louisville, Westminster John Knox, 1997), 제 22장을 참고하라.
49. 디벨리우스, p. 170.
50. Walter Lock, *Pastoral Epistles* (ICC, Edinburgh: T&T Clark, 1924), p. 107.
51. 오덴, p. 129. S. Schechter, *Documents of Jewish Sectaries*, Vol. I, *Fragments of a Zadokite Work* (1910). 디벨리우스, p. 170 재인용. 출애굽기 유대 주석인 「요나단의 탈굼」

(*Targum of Jonathan*) 등. 디벨리우스, p. 171도 참고하라.

5장

1. 15권의 책 이름은 다음과 같다. 토비트, 유디트, 솔로몬의 지혜, 바룩, 예레미야의 편지, 마카비 상·하, 수산나, 세 청년의 노래, 벨과 용, 에스더 속편, 집회서, 에스드라 상·하, 므낫세의 기도.
2. 개역개정판 4:2의 우리말 번역은 다음과 같다. "너는 말씀을 전파하라 때를 얻든지 못 얻든지 항상 힘쓰라 범사에 오래 참음과 가르침으로 경책하며 경계하며 권하라." 여기서 우리말 번역은 "범사에 오래 참음과 가르침으로"라는 표현을 세 개 동사 '경책하라, 경계하라, 권하라'에만 연결시켰다. 하지만 그 표현은 다섯 개 동사 모두에 연관된다. 여기에 사용된 다섯 개 동사는 모두 같은 형태로 나열되어 있다. 곧 2인칭, 단수, 부정 과거, 능동태다.
3. 구약에 나타난 '전제'는 출애굽기 29:40~41; 레위기 23:13; 민수기 15:5~10; 28:7을 참고하라.
4. I. H. Marshall, *A Critical and Exegetical Commentary on The Pastoral Epistles* (Edinburgh: T & T Clark, 1999), p. 807; G. W. Knight III, *The Pastoral Epistles* (Michigan: Williams B. Eerdmans Publishing Com. 1992), p. 459.
5. 왜 마라톤 경기는 42.195km를 달리는가? 마라톤은 기원전 490년쯤 아테네와 페르시아의 전쟁에서, 아테네가 승리한 소식을 전하기 위해 그리스의 한 군인이 마라톤 평원에서 아테네까지 약 40km(25마일)를 달린 데서 유래한다. 1896년 제1회 아테네올림픽 마라톤 우승자인 그리스의 스피로스 루이스(Spiros Louis)는 약 40km를 달렸다. 그러나 1924년 제8회 파리올림픽 마라톤 코스의 길이는 42.195km 즉 26마일 385야드였다. 385야드의 추가는 영국올림픽위원회의(British Olympic Committee)의 결정에 따른 것이다. 1908년 제4회 런던올림픽에서 마라톤의 출발점은 윈저 성(Windsor Castle)이었고, 도착점은 런던 스타디움의 왕실 정문이었다. 그 총 길이가 42.195km이었다. 제1회에서 제7회까지 올림픽 마라톤 코스의 길이는 40km를 기준으로 해서 들쭉날쭉했다. 그러나 1924년부터 공식적으로 42.195km로 확정되었다.
6. 권오현, 「목회서신 주석」(서울: 대한기독교서회, 2000), p. 475 참고.
7. 권오현, pp. 475~476.
8. 개역 개정판은 요한계시록 12:3과 13:1에서 '디아데마타'를 '왕관'으로 번역했다.

디도서 주(註)

1부

1장

1. U. T. Holmes, *A History of Christian Spirituality: An Analytic Introduction* (NY: Seabury, 1981), p. 4.
2. A. Schlatter, *Die Kirche der Griechen im Urteil des Paulus* (Stuttgart, 1962), pp. 131, 171; C. Spicq, *Saint Paul: Les Epitres Pastorales* (Paris, 1969), pp. 482~492.
3. M. Dibelius and H. Conzelmann, *The Pastoral Epistles* (Philadelphia, 1972), pp. 39~40.
4. W. Foerster, εὐσέβεια in den Pastoralbriefen, *NTS* 5 (1959), p. 217f.
5. H. von Lips, *Glaube - Gemeinde - Amt. Zum Verstandnis der Ordination in den Pastoralbriefen* (Gottingen, 1979), pp. 82~88.
6. 참고. *TDNT* 7:129; Foerster, op.cit., p. 215.
7. H. von Lips, *op.cit.*, p. 82.
8. P. Towner, 이한수 역, 「목회서신: 우리에게 무엇을 교훈하는가?」(서울: 선교횃불, 2006), p. 288.
9. *Ibid.*, p. 286; *contra* Lips, *op.cit.*, p. 84. Lips의 오류는 이 문맥에서 행위에 대한 함축을 제거해버린 데 있다.
10. W. Foerster, *op.cit.*, p. 216; J. N. D. Kelly, *A Commentary on the Pastoral Epistles* (London, 1963), p. 113.
11. J. N. D. Kelly, *A Commentary on the Pastoral Epistles*, p. 207.
12. (1) "구약의 족보들에 관한 유대 랍비적인 사변적 주석을 지칭하거나 또는 창조 이야기와 같은 초기 역사에 관한 다른 측면들을 지칭한다"(F. Büchsel, *TDNT* 1:664~665); (2) "영지주의자들의 '에이온과 아르콘' 사변을 지칭한다"(J. N. D. Kelly, op.cit., p. 45).
13. G. Stählin, *TDNT* 4:783; M. Dibelius and H. Conzelmann, *The Pastoral Epistles*, p. 17; W. Lutgert, *Die Irrlehrer der Pastoralbriefe* (Gütersloh, 1909), p. 65, etc.
14. P. Towner, 「목회서신: 우리에게 무엇을 교훈하는가?」, p. 38f.
15. H. von Lips, *op.cit.*, p. 86f; *contra* W. Foerster, *TDNT* 7:182.

2장

1. O. Cullmann, Jesus der Heiland, in: ders., *Die Christologie des Neuen Testaments*, Tübingen 1975, (245~252), p. 245를 참고하라.
2. 신약성경의 '구세주' 칭호를 초기 교회가 처한 환경 속에서 나타난 것으로 보는 주장에 대해서는 Hans Conzelmann, *Grundliß der Theologie des Neuen Testaments*,

Studienausgabe, München 1976, p. 105를 보라.
3. 이러한 토론에 대해서는 배재욱, '신약성경에 나타난 '구세주' 칭호에 대한 연구', '원시 기독교는 구세주 칭호를 '황제 제의'에서 받아들였는가?', 신약논단 제 11권 제 3호(2004년 가을), pp. 649~682를 참고하라.
4. 이러한 토론에 대해서는 배재욱, Ibid. pp. 670~675를 참고하라.
5. 이러한 토론에 대해서는 배재욱, Ibid. p. 665를 참고하라.
6. 행 5:31.
7. 이 칭호에서 하나님과 예수 그리스도인지 아니면 예수 그리스도를 하나님으로 언급하는 것인지는 디도서 2:11~14에 대한 주석에서 설명하겠다.
8. 이에 대한 더 깊은 신학적인 토론을 위해서는 마르틴 디벨리우스, 「목회서신」(서울: 한국신학연구소, 1993), pp. 206~207을 참고하라.
9. 거스리, 양용의 역, 「디모데전후서, 디도서」(서울: 기독교문서선교회, 1989), pp. 292~294를 참고하라.
10. 존 스토트, 김현회 역, 「디모데전서, 디도서 강해 진리를 굳게 지키라」BST 시리즈(서울: 한국기독학생회출판부, 1998), pp. 270~271을 참고하라.

2부

2장

1. 유진 피터슨, 「껍데기 목회자는 가라」(서울: 좋은 씨앗, 2004), pp. 14~20.
2. Philip H. Towner, 1~2 *Timothy & Titus*, *The IVP New Testament Commentary Series* (Downers Grove: Intervarsity Press, 1994), pp. 233~234.
3. 존 스토트, 「BST 시리즈: 디모데전서&디도서 강해」(서울: IVP, 1998), pp. 258~259.
4. 파커 J. 파머, 「가르칠 수 있는 용기」(서울: 한문화, 2005), p. 15.
5. 파커 J. 파머, 같은 책, p. 67.
6. 룩 티모시 존슨, 「웨스트민스터 신약 강해: 디모데 전후서, 디도서」(서울: 에스라서원, 2002), p. 212.
7. 이한수, "은혜의 우선성: 바울에 있어서 은혜 개념과 그 의의", 「신학지남」(2005 여름호), p. 119.

원어 일람표(헬라어/히브리어)

P. 32
티모쎄오스 Τιμόθεος

P. 37
티토스 유스토스 Τίτος Ἰοῦστος
티티오스 유스토스 Τίτιος Ἰοῦστος
티토스 Τίτος
유스토스 Ἰοῦστος

P. 42
아폴로스 Ἀπολλῶς

P. 46~47
미아스 귀나이코스 아네르
  μιᾶς γυναικὸς ἀνήρ

P. 48
아네르 ἀνήρ
귀나이코스 γυναικὸς

P. 51, 62
미아스 μιᾶς

P. 57
아네필렘프톤 ἀνεπίλημπτον
셈누스 σεμνούς
아넹클레토스 ἀνέγκλητος

P. 76
에피스코포스 ἐπίσκοπος

P. 79
디아코노스 διάκονος

P. 91
파라칼레이 παρακάλει
파라칼레오 παρακαλέω

P. 92
티마 τίμα
티메 τιμή
티마오 τιμάω

P. 94
에피티쎄미 ἐπιτίθημι
타케오스 ταχέως

P. 95
카타 프로스클리신 κατὰ πρόσκλισιν

P. 96
디오코 διώκω
퓨고 φεύγω

P. 97
유세베이아 εὐσέβεια
세보 σέβω

P. 98
휩셀로프로네인 ὑψηλοφρονεῖν

P. 104
카리스마 χάρισμα
데일리아스 δειλίας
프뉴마 πνεῦμα

P. 105
데스미온 아우투 δέσμιον αὐτοῦ

P. 106
카이 καί

P. 109
휘포메노 ὑπομένω
휘포메노멘 ὑπομένομεν

P. 111
오르쏘토문타 ὀρθοτομοῦντα
템네인 τεμνεῖν

P. 112
케노포니아스 κενοφωνίας
쎄멜리오스 θεμέλιος

P. 121
에크 판톤 ἐκ πάντων

P. 122
엔 크리스토 예수 ἐν Χριστῷ Ἰησοῦ

P. 124
케뤽손 κήρυξον
에피스테씨 ἐπίστηθι
엘렝크손 ἔλεγξον
에피티메손 ἐπιτίμησον
파라칼레손 παρακάλεσον
네페 νῆφε
카코파쎄손 κακοπάθησον
포이에손 ποίησον
플레로포레손 πληροφόρησον

셍카코파쎄손 συγκακοπάθησον
스푸다손 σπούδασον

P. 125
에데 ἤδη
톤 칼론 아고나 τὸν καλὸν ἀγῶνα
톤 드로몬 테텔레카
   τὸν δρόμον τετέλεκα
텐 피스틴 테테레카
   τὴν πίστιν τετήρηκα

P. 126
칼로스 καλός
드로모스 δρόμος
호 테스 디카이오쉬네스 스테파노스
   ὁ τῆς δικαιοσύνης στέφανος

P. 127
스테파노스 στέφανος

P. 144
유세베이아 εὐσέβεια
유세베인 εὐσεβεῖν
유세보스 εὐσεβῶς

P. 145
유세베이아 εὐσέβεια
이레아 יִרְאָה
카타 κατά

P. 149~153
그노시스 γνῶσις

P. 159~168
소테르 σωτήρ

P. 162
소테리아 σωτηρία

P. 164
투 메갈루 쎄우 카이 소테로스 헤몬 예수 크리스투
τοῦ μεγάλου θεοῦ καὶ σωτῆρος ἡμῶν Ἰησοῦ Χριστοῦ

---

*θ는 원칙적으로 'ㅆ'으로 음역했지만, 필자가 'ㅌ' 혹은 'ㄸ'를 선호한 경우 필자의 의견을 존중했습니다.
*υ는 원칙적으로 'ㅟ'로 음역했지만, 필자가 'ㅜ'를 선호한 경우 필자의 의견을 존중했습니다.